权威·前沿·原创

皮书系列为
"十二五""十三五"国家重点图书出版规划项目

社会组织蓝皮书

BLUE BOOK OF
SOCIAL ORGANIZATIONS

中国社会智库发展报告
（2018）

ANNUAL REPORT ON SOCIAL THINK TANKS IN CHINA
(2018)

主　编／徐家良

社会科学文献出版社
SOCIAL SCIENCES ACADEMIC PRESS（CHINA）

图书在版编目（CIP）数据

中国社会智库发展报告. 2018 / 徐家良主编. －－北

京：社会科学文献出版社，2018. 12

（社会组织蓝皮书）

ISBN 978 - 7 - 5201 - 3860 - 4

Ⅰ. ①中… Ⅱ. ①徐… Ⅲ. ①咨询机构 - 发展 - 研究

报告 - 中国 Ⅳ. ①C932. 82

中国版本图书馆 CIP 数据核字（2018）第 257246 号

社会组织蓝皮书

中国社会智库发展报告（2018）

主　　编 / 徐家良

出 版 人 / 谢寿光
项目统筹 / 杨桂凤
责任编辑 / 杨桂凤　谢蕊芬　隋嘉滨　任晓霞　胡庆英　杨　阳

出　　版 / 社会科学文献出版社 · 社会学出版中心（010）59367159
　　　　　 地址：北京市北三环中路甲 29 号院华龙大厦　邮编：100029
　　　　　 网址：www. ssap. com. cn
发　　行 / 市场营销中心（010）59367081　59367083
印　　装 / 三河市龙林印务有限公司

规　　格 / 开 本：787mm × 1092mm　1/16
　　　　　 印 张：15.75　字 数：209 千字
版　　次 / 2018 年 12 月第 1 版　2018 年 12 月第 1 次印刷
书　　号 / ISBN 978 - 7 - 5201 - 3860 - 4
定　　价 / 89.00 元

皮书序列号 / PSN B - 2018 - 778 - 3/3

本书如有印装质量问题，请与读者服务中心（010 - 59367028）联系

本项研究得到增爱公益基金会的资助和大力支持

增爱公益基金會
More Love Foundation

本书系 2017 年度国家社会科学基金重大项目"促进中国慈善事业发展的法律制度创新研究"（17ZDA133）的阶段性研究成果

本书是国家社会组织管理局社会组织与社会建设上海交通大学研究基地的研究成果

《中国社会智库发展报告（2018）》
课　题　组

课题组负责人　徐家良

课 题 组 成 员　汪锦军　林　震　赵祖平　吴　磊　邰鹏峰
　　　　　　　　孙晓冬　苑莉莉　张　圣　卢永彬　王昱晨
　　　　　　　　汪晓菡　刘青琴　徐　阳

主编简介

徐家良　上海交通大学国际与公共事务学院教授，博士生导师，上海交通大学中国公益发展研究院院长，上海交通大学第三部门研究中心主任，上海交通大学中国城市治理研究院研究员，国家社会组织管理局社会组织与社会建设上海交通大学研究基地主任，民政部全国社会组织教育培训基地上海交通大学主任，国家社会科学基金重大项目首席专家；北京大学政治学博士、北京大学社会学博士后，哈佛大学、香港中文大学、台湾政治大学访问学者。曾任教浙江大学、北京师范大学。国家自然科学基金通讯评审专家、国家社会科学基金项目同行评议专家、教育部留学回国人员科研启动基金评审专家、中国博士后科学基金评审专家；中国社会组织促进会专家委员会委员、上海长三角社会组织发展中心理事长、上海市法学会慈善法治研究会副会长，上海浦江社会组织创新发展研究院副院长。CSSCI 集刊《中国第三部门研究》主编、《中国非营利评论》学术顾问委员会委员、《中国社会组织》编委、《上海社会组织》顾问。

研究专长：国家与社会关系、社会组织与地方治理、慈善公益。

出版《改革开放后上海社会组织创新发展研究》、《新时期中国社会组织建设研究》、《行业协会组织治理》、《互益性组织：中国行业协会研究》、《社会组织的结构、体制与能力研究》、《政府评价论》、《制度、影响力和博弈》、《社会团体导论》、《公共政策分析引论》、《公共行政伦理学基础》、《公共事业管理学基础》、《公共行政学基础》等专著和教材 12 部；2013 年开始至 2018 年连续主编《中国社会组织评估发展报告》，2011 年开始主编《中国第三部门研究》

（第 1～16 卷）；翻译出版《全球劝募：变动世界中的慈善公益规则》、《公益创业：一种以事实为基础创造社会价值的研究方法》、《美国历史上的慈善组织、公益事业和公民性》、《热浪：芝加哥灾难的社会剖析》、《判断的艺术：政策制定研究》。在《政治学研究》、《中国行政管理》、《北京大学学报》等期刊上发表学术论文 100 多篇，多篇论文被《新华文摘》和中国人民大学书报资料中心所转载。主持国家社会科学基金重大项目、国家社会科学基金重点项目、国家社会科学基金一般项目、教育部项目、民政部项目、北京市政府项目、上海市社会科学基金项目等 70 多项，其中 2011 年主持国家社会科学基金重点项目"新时期中国社会组织建设研究"，2014 年主持国家社会科学基金重大项目"全面深化改革中政府购买公共服务制度化研究"，2017 年主持国家社会科学基金重大项目"促进中国慈善事业发展的法律制度创新研究"。

摘　要

　　《中国社会智库发展报告（2018）》是上海交通大学国际与公共事务学院、上海交通大学中国公益发展研究院、上海交通大学中国城市治理研究院、上海交通大学第三部门研究中心的研究成果。

　　本书涉及中国社会智库的发展状况、组织类型、发展困境、发展对策和路径规划等多方面的内容，并针对三类社会智库（社会团体智库、基金会智库、社会服务机构智库）做了更加深入的研究。同时，选取多个社会智库案例进行分析，系统梳理社会智库发展大事记（1978 年 1 月至 2017 年 12 月），从横向和纵向两个维度，还原了中国社会智库的发展全貌。

　　全书内容由总报告、分报告、案例篇、附录四个部分组成。

　　总报告对中国社会智库的发展情况做了总体分析，具体包括社会智库概念界定、中国社会智库发展现状和中国社会智库运作模式三个部分。

　　分报告分别对中国智库发展状况、中国社会团体智库发展状况、中国基金会智库发展状况、中国社会服务机构智库发展状况和中国社会智库发展的问题与建议做了专题分析。

　　案例篇选取了 12 个有特色的社会智库进行简单介绍。这 12 个社会智库分别是：广东省体制改革研究会、中关村产业技术联盟联合会、中信改革发展研究基金会、北京市朝阳区自然之友环境研究所、察哈尔学会、广东亚太创新经济研究院、上海华夏社会发展研究院、上海浦江社会组织创新发展研究院、深圳市现代创新发展研究院、深圳市侨商智库研究院、中智科学技术评价研究中心和全球

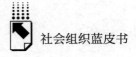

化智库。

附录部分列出了中国社会智库发展大事记，从 1978 年 1 月开始至 2017 年 12 月止。

前　言

我小时候喜欢战争片，看 1962 年、1963 年、1965 年上映的电影《地雷战》、《小兵张嘎》、《地道战》等。到初中时看了长篇小说《红日》，再后来对朝鲜战争感兴趣。记得听过一个传言：美国兰德公司写过一个咨询报告，在朝鲜战争爆发之前就已经预测到"中国将出兵朝鲜"，出售报告的价格是 500 万美元，美国政府感到太贵，所以没有购买。等战争结束后，美国政府好奇，最后还是花了 200 万美元购买。这个传言后来被辟谣，但第一次听说有一个兰德公司。兰德公司就是智库，对政府决策能产生影响。

在计划经济时期，社会组织和企业都依附于政府，由政府做出决策。随着 1978 年 12 月中国政府实行改革开放政策，社会组织和企业逐渐作为独立的主体走上了历史舞台，社会管理的政府单一中心模式逐渐演变为社会治理的政府、社会组织和企业的多元中心模式。特别是社会组织，在为社会提供互益服务与公益服务的同时，也需要向政府递交相应的咨询报告，把社会组织所关心的相关行业需求和利益通过合法的渠道表达出来，供政府决策参考。

中央层面重视智库的作用，可以追溯到 1986 年。时年 7 月，中共中央政治局委员、国务院副总理万里在首届全国软科学研究工作座谈会上做了一个报告，题目是《决策民主化和科学化是政治体制改革的一个重要课题》。在这个报告中，万里副总理认为"软科学研究的根本目的，是为各级各类决策提供科学依据，是为领导决策服务的……软科学研究是为各级决策者、领导人服务的。各级领导人应该十分珍惜和尊重这种服务"。万里这个讲话肯定了智囊团和决策咨询

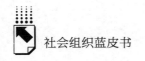

机构在政府决策中的地位，可以说智库的作用得到了高层的认可。

在现实生活中，最早出现的，应该是政府内部的研究机构，作为官办智库闪亮登场。1983年2月，经国务院领导批准成立中国经济体制改革研究会，这可以说是中国最早的官办智库。1989年2月，综合开发研究院（中国·深圳）宣布成立，这是国内综合性、政策性、全国性的新型智库，1993年，该研究院在学术上归属国务院研究室，党政关系属地化管理归属深圳市政府，开创了中央政府与地方政府共建中国特色智库的先河。

1990年中国经济体制改革研究会进行了改革探索，由政府官办智库演变为社会团体，在民政部进行登记，成为国家一级学会，是社会智库中的社会团体智库，它的主要职能是承担政府有关部门委托的经济体制改革方面的课题项目，围绕经济与社会发展中的重点、难点和热点问题进行预测性研究，可以说是中国目前最早的社会智库。

而企业智库较早有影响力的是北京天则经济研究所。1993年7月，由几位经济学家与北京大象文化有限公司共同发起，在工商部门注册成立北京天则经济研究所，该研究所成为企业智库的鼻祖，宗旨是"支持和推进经济学理论和前沿性社会经济问题的高质量研究，为中国的改革实践提供制度创新的解决方案"。

后来，比较有影响力的社会智库就是上海华夏社会发展研究院、中国经济改革研究基金会和中国发展研究基金会，它们分别是民办非企业单位（2016年3月全国人民代表大会通过的《中华人民共和国慈善法》将其统称为社会服务机构）、基金会智库的佼佼者。

1994年12月，上海华夏社会发展研究院成立，其前身为浦东华夏社会发展研究院，是从事社科研究的民办非企业单位，其登记管理机关是上海市社会团体管理局。这是在民政部门注册的中国社会智库，上海市5A级社会组织、先进社会组织，曾先后三次被上海市社会科学界联合会评为"上海市优秀民办社会科学研究机构"。

1995 年，中国经济改革研究基金会在民政部注册成立，是国家发展和改革委员会下属的全国性公募基金会，由中国人民银行批准设立。从 2002 年起资助"中国改革论坛"，发布《中国改革与发展报告》、《中国宏观经济分析》（月度报告）、《宏观经济变量跟踪分析》（季度报告）等研究成果。1997 年 11 月 27 日中国发展研究基金会成立，该基金会由国务院发展研究中心发起设立，在民政部注册，是全国性公募基金会。基金会以支持政策研究、促进科学决策、服务中国发展为宗旨，曾先后被民政部评估为 4A 级社会组织、全国先进社会组织。

这样，从 1990 年到 1995 年，社会智库的三个类别全部包含在内，既包括社会团体智库，也包括基金会智库和社会服务机构智库。而且，直到全球化智库成立，出现了一种由社会团体智库、基金会智库、社会服务机构智库构成的多法人社会智库集团，体现出社会智库的活力与旺盛的生命力。2008 年，全球化智库在北京成立，是以北京东宇全球化人才发展基金会为中心，与南方国际人才研究院、北方国际人才研究院和中国与全球化研究中心组成的智库集团，在国内外有近 10 个分支机构或海外代表处。在《全球智库报告 2017》中，全球化智库在全球智库综合排名中居第 92 位，并在多个单项榜单中位列中国智库第一。

专题社会智库数量逐渐增加，影响力越来越大。察哈尔学会于 2009 年 10 月创办，并于 2013 年 5 月以民办非企业单位的身份在尚义县民政和民族宗教事务局登记成立，除在北京设有办公室外，在上海、香港、拉萨及韩国首尔、毛里求斯路易港也设有办公室。该学会已成为中国公共外交研究领域的核心机构之一，对中国公共外交理论与实践的发展起到了积极的推动作用。

随着市场经济体制改革的深入，老百姓的兴趣爱好各不相同，利益多元，社会事务复杂性程度提高，这对政府科学决策和民主决策提出了非常大的挑战。为了有效实现国家治理体系和治理能力现代化，推动中华文化和当代中国价值观念走向世界，2015 年 1 月 20 日，中共中央办公厅、国务院办公厅印发《关于加强中国特色新型智库建设的意见》，对新型智库建设的重大意义、指导思想、基本原则、总体目标和构建新格局五个方面的内容做了重点说明，反映了党和政府对中国特色新型智库建设的重视。2017 年 5 月 4 日，民政部、中宣部、中组部、外交部、公安部、财政部、人社部、国家新闻出版广电总局、国家统计局联合印发《关于社会智库健康发展的若干意见》，对社会智库健康发展的重要意义、指导思想和基本原则、强化规范管理、优化发展环境、加强自身建设、完善保障措施六个方面做了具体的规定。时隔两年，把社会智库从新型智库中提出来专门出台一个文件，说明了政府对社会智库的需要程度、重视程度的提高。当然这从另一个方面也说明，社会智库建设远远不能满足社会发展的需求。

《关于社会智库健康发展的若干意见》发布后，我曾先后写过几篇文章，《发挥社会智库积极作用　促进有序稳健发展——关于社会智库健康发展的若干意见解读》发表在《中国社会组织》2017 年第 10 期上、《社会智库如何做好自身建设》发表在 2017 年 5 月 11 日的《光明日报》上、《规范和引导社会智库健康发展》发表在 2017 年 6 月 18 日的《人民日报》上。考虑到自己多年研究社会组织，社会智库是一个新的热点，有没有可能写一个发展报告呢？此想法得到了社会科学文献出版社社长谢寿光和编辑杨桂凤的大力支持。从 2017 年 7 月份开始，我们就着手"中国社会智库发展报告"编写团队的建设和资料收集工作，到 2018 年 8 月基本框架确定下来。

《中国社会智库发展报告（2018）》共分四个部分：第一部分是总报告，对社会智库概念、中国社会智库发展现状、中国社会智库运作模式做了介绍；第二部分是分报告，包括中国智库发展专题分析、中国社会团体智库发展专题分析、中国基金会智库发展专题分析、中国社会服务机构智库发展专题分析、中国社会智库发展的问题与建议五篇报告；第三部分是案例篇，包括广东省体制改革研究会、中关村产业技术联盟联合会、中信改革发展研究基金会、北京市朝阳区自然之友环境研究所、察哈尔学会、广东亚太创新经济研究院、上海华夏社会发展研究院、上海浦江社会组织创新发展研究院、深圳市现代创新发展研究院、深圳市侨商智库研究院、中智科学技术评价研究中心、全球化智库12个案例；第四部分是附录（大事记），对1978年1月至2017年12月与中国社会智库发展相关的领导讲话、发布的文件、论文等做了介绍。

《中国社会智库发展报告（2018）》是上海交通大学国际与公共事务学院、上海交通大学中国公益发展研究院、上海交通大学中国城市治理研究院、上海交通大学第三部门研究中心研究团队的集体成果，初稿完成于2017年7月，参与写作和讨论的成员包括上海交通大学徐家良教授、浙江行政学院汪锦军教授、北京林业大学林震教授、中国劳动关系学院赵祖平教授、上海工程技术大学吴磊副教授、上海体育学院邸鹏峰副教授、太原理工大学孙晓冬讲师、上海社会科学院苑莉莉助理研究员、上海交通大学中国城市治理研究院博士研究生张圣、上海交通大学国际与公共事务学院博士研究生王昱晨、上海交通大学国际与公共事务学院硕士研究生汪晓菡和刘青琴、华东师范大学公共管理学院硕士研究生徐阳等。徐家良、苑莉莉、徐阳、张圣在北京、广州、深圳、重庆和上海等地对相关社会智库进行了访谈，收集资料。上海交通大学国际与公共事务学院卢永彬讲师对英文部分做了校对。

本蓝皮书也是我担任上海交通大学国际与公共事务学院教授、上海交通大学中国城市治理研究院研究员的研究成果。

写作过程中，得到了以下领导的关心和支持：上海交通大学党委副书记胡近教授和顾峰教授、华东师范大学党委副书记曹友谊、上海

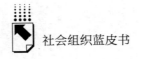

交通大学文科建设处处长吴建南教授及副处长解志韬和高延坤、上海交通大学国际与公共事务学院党委书记姜文宁、社会科学文献出版社社长谢寿光和总编杨群等。上海交通大学国际与公共事务学院、上海交通大学中国城市治理研究院为蓝皮书的写作提供了诸多的便利。

上海交通大学作为民政部社会组织与社会建设研究基地和全国社会组织教育培训基地，得到了民政部有关领导的大力支持。

增爱公益基金会对中国社会智库的研究给予了经费资助，感谢增爱公益基金会理事长胡锦星对上海交通大学第三部门研究中心、中国公益发展研究院多年的关心与支持！

特别感谢社会科学文献出版社谢寿光社长、杨群总编辑的鼓励和杨桂凤等编辑的认真负责！

尽管社会组织在日常事务中已经把服务政府、决策咨询作为一项重要的工作来做，但作为社会智库的主要角色，仍有很长的路要走，这不仅需要来自政府和社会的多方面关怀，而且需要来自学术界和理论界的分析和指导。我们做了前后两年的调查和写作，还是感到资料收集上有不少困难，前人的研究较少，由于写作时间紧，《中国社会智库发展报告（2018）》存在着这样那样的不足，敬请方家指正。

唐代著名浪漫主义诗人李白曾说过，"行路难！行路难！多歧路，今安在？长风破浪会有时，直挂云帆济沧海"。现代作家鲁迅也告诉我们，"世上本没有路，走的人多了，也便成了路"。我相信，我们的尝试正像是在登山，本身就没有路，走走可能就走出路来了，但愿如此！

是为序。

目 录

Ⅳ　附　录

皮书数据库阅读**使用指南**

总 报 告

General Report

B.1
中国社会智库发展总报告

徐家良　张　圣　苑莉莉*

摘　要： 总报告分为三部分：社会智库概念界定、中国社会智库发展现状和中国社会智库运作模式。第一部分主要从智库概念出发，结合社会组织的运作特点，界定了社会智库的基本内涵，将其作为分析社会智库发展现状与运作模式的基础。第二部分主要从全国性社会智库和地方性社会智库两类主体出发，分析其发展阶段、发展现状与发展特征。第三部分主要概括了五种社会智库运作模式的划分标准，以及划分标准内包含的不

---

* 徐家良，上海交通大学国际与公共事务学院教授、上海交通大学中国公益发展研究院院长、上海交通大学中国城市治理研究院研究员，博士生导师；张圣，上海交通大学中国城市治理研究院博士研究生、上海交通大学国际与公共事务学院博士研究生；苑莉莉，上海社会科学院社会学研究所助理研究员，上海交通大学国际与公共事务学院博士后。

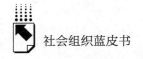

同运作模式：以运作主导主体作为划分标准，将社会智库运作模式分为行政主导型运作模式、企业主导型运作模式和社会主导型运作模式；以运作目标作为划分标准，将社会智库运作模式分为政府倾向型运作模式、社会倾向型运作模式、政社结合型运作模式；以运作结构作为划分标准，将社会智库运作模式分为单一主体运作模式、多元主体运作模式；以运作过程作为划分标准，将社会智库运作模式分为常态化运作模式、非常态化运作模式；以运作产品作为划分标准，将社会智库运作模式分为单一产品型运作模式、多元产品型运作模式。基于以上三个部分，总报告将中国社会智库发展做了"全景式"的描述，有助于充分把握中国社会智库的发展态势，了解中国社会智库的发展现状，探究中国社会智库的发展方向。

关键词： 中国社会智库 核心概念 发展现状 运作模式

中国社会智库属于中国智库体系的重要组成部分，2015年1月，中共中央办公厅、国务院办公厅印发《关于加强中国特色新型智库建设的意见》，明确提出提升国家软实力和强化社会智库建设后，国家对社会智库发展重视程度的提高使中国社会智库逐渐驶入发展快车道，中国社会智库的数量急剧增多、规模也日益扩大，已成为逐步提升我国公共政策制定和执行水平的重要参与主体之一。由此可见，社会智库的价值和影响力在不断提高。因而，系统分析中国社会智库的发展状况，将有助于进一步引导社会智库运作优化，使其更好地发挥咨政建言功能。具体而言，总报告将围绕社会智库概念界定、中国社会智库发展现状和中国社会智库运作模式三个方面展开。

一 社会智库概念界定

这部分内容主要分为两个方面：一是智库的概念界定，明确智库这种组织形式的具体内涵；二是基于智库概念，综合官方和非官方的的概念界定，总结本报告的社会智库概念。

（一）什么是"智库"

对智库的定义，可谓"仁者见仁，智者见智"。国际智库专家艾贝尔森（Donald E. Abelson）从智库的主要功能出发将智库界定为能够重组已有思想，创造新思想，并将新思想推广给制定公共政策的政府和参与公共政策制定的公众，以达到咨政建言目的的一类组织（Abelson，2004）；美国智库学者麦甘（James G. McGann）则根据智库发挥咨政建言作用的具体过程，将智库界定为"立足国内外问题，开展有针对性的政策导向研究并提出相关建议的组织，以此加深决策者和公众对社会情况的认知，更好地对公共问题进行决策"（McGann，2018）；兰德公司的创始人科尔博莫依据其对智库实践状态的理解，将智库界定为"思想工厂"、"没有学生的大学"、"有明确目标追求，同时无拘无束的'头脑风暴中心'"、"敢于超越一些现有智慧、敢于挑战和蔑视现有权威的'战略思想中心'"（王辉耀、苗绿，2014）。

中国学者对智库的界定也是因人而异。这种差异性首先体现在对英文"Think Tank"的翻译上。目前中国已有的译法有"脑库"、"思想库"、"智囊团"、"智囊机构"、"情报研究中心"、"软科学组织"等，且均有相关的界定，使得"Think Tank"的中国式界定纷繁

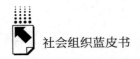

复杂。本报告整合以上译法，认为"智库"最能体现"Think Tank"的组织目标、研究内容、功能效果、组织性质以及组织对政策产生的影响力。同时，目前社会对"智库"这一译法的认同度也较高，且已经得到官方认可，经常出现在政府相关文件中。

尽管"智库"这一译法获得了普遍认同，但依然有不同角度的概念界定。比如，陈振明（2014）认为智库是政策活动者或政策主体的一个重要构成因素，是由各种专家学者以及退休官员等组成的跨学科、多领域的综合性决策咨询机构，其主要工作是帮助公共部门尤其是政府做决策咨询、提供决策信息，以提高政府决策的质量；魏礼群（2015）认为智库是知识密集与人才密集，且注重突出服务党政决策、推动理论创新、引导社会舆论、提供社会服务、参与公共外交、培养输送人才六方面功能的研究机构；闫志开、王延飞（2015）认为智库是以公共政策作为研究对象，并以影响公共政策为目标的研究机构；等等。

综合国内外的智库概念，结合目前中国智库的发展状况，本报告对智库的内涵做如下界定：智库是以提升政府公共政策的制定和执行质量为目标，以汇聚专业化的研究人才、研究知识和研究技术为基础，以发挥政策咨询、理论创新、社会服务、舆论引导和对外公关等功能为出发点，以提出政策建议、发布研究报告、出版研究成果和举办研讨会议等为手段，具有政府、企业、社会组织和事业单位等组织性质的营利性或非营利性组织。

这一概念包含以下七个方面的内容。

一是组织目标。智库是针对政府的公共政策提出相关对策建议，如果不是针对政府，而是针对公众，不是针对公共政策，而是针对企业行为和社会行为，那就不是智库。

二是研究内容。智库所讨论的问题是公共问题，而不是个人问题和团体问题，是针对公共议程提出对策建议。

三是基础条件。为实现"提升政府公共政策的制定和执行质量"的目标，智库应具备相应专业化的研究人才、研究知识、研究技术，这三者是组建智库的基础条件，以保证智库的人员结构、知识和技术储备能够符合公共政策研究的需要。同时，三者缺一不可，缺少了其中任何一个基础条件，智库都难以发挥功效、实现目标。

四是功能多元。为实现"提升政府公共政策的制定和执行质量"的目标，且考虑到自身的影响力，智库应围绕组织目标发挥包括政策咨询、理论创新、社会服务、舆论引导、对外公关等多元功能，满足政府的决策需求，实现政府治理的社会目标。

五是手段多样。智库影响公共政策的制定和执行，除了最直接的方式，即提出政策建议外，还包括其他的方式，比如发布研究报告、出版研究成果、举办研讨会议等。手段的多样性是发挥智库功能、实现智库目标的基本要求。

六是组织性质。智库是通过一系列的活动，影响公共政策的制定与执行的一类组织。该类组织既可以是政府内部的研究机构，也可以是政府外部的研究机构，政府外部的研究机构包括企业、社会组织和事业单位等。

社会组织有大小范围之分。大范围的社会组织，是指政府和企业之外的社会组织，包括社会团体、基金会、社会服务机构、事业单位、境外非政府组织、宗教场所、中介组织、部分具有非营利性质并以提供公共服务为目的的企业。其中，社会团体、基金会、社会服务机构是在县级以上民政部门注册登记；事业单位是在各级编制部门注册登记；境外非政府组织是在公安部、省级公安部门注册登记；宗教场所是在各级宗教部门注册登记。此外，还有为社会提供中介服务的中介组织，包括两部分：一部分是在民政部门注册登记的，如行业协会商会；另一部分是指在司法部门、财政部门注册登记的公证处、律师事务所、注册会计师事务所等。部分具有非营利性质并以提供公共

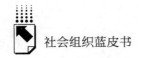

服务为目的的企业是在工商部门注册。小范围的社会组织，仅仅是指在县级以上民政部门注册登记的社会团体、基金会、社会服务机构（徐家良，2012）。

七是组织运营特点。智库在发挥智库功效、实现智库目标的过程中，所从事的活动既可以是营利性的，又可以是非营利性的，体现出智库具有多维运营模式。

值得一提的是，智库在运营过程中是否具有非营利性，是区分智库是否为社会智库的重要依据。一般意义上讲，社会智库在运营中，均具有非营利性的特点。

（二）什么是社会智库

社会智库是将智库的发展方式与社会组织的运营模式相结合产生的新型智库组织。这种新型智库组织兼具社会组织和智库的内涵与特点。那么，到底什么是社会智库？目前，对社会智库的界定主要有政府文件中给出的官方界定以及学者们给出的非官方界定两类。

从官方界定来看，综合2015年1月的《关于加强中国特色新型智库建设的意见》、2017年5月的《关于社会智库健康发展的若干意见》以及其他相关政府文件可知，目前官方给出的社会智库概念，指由境内外社会力量举办，以战略问题和公共政策为主要研究对象，以服务党和政府科学民主依法决策为宗旨，采取社会团体、基金会、社会服务机构等组织形式，且具有法人资格的中国特色新型智库。社会智库需要遵守国家法律法规，接受民政部门及其他相关部门的管理。官方界定明确了社会智库的组建主体、研究对象、组织宗旨、组织形式、法律特性，但忽视了社会智库的基础条件、多元功能、手段多样等信息，在界定上存在全面性不足问题。

从非官方界定来看，目前尚未出现界定全面的社会智库概念，学者们给出的社会智库概念均存在一定的问题。比如，李向宽（2011）

认为社会智库作为民间的智囊机构，是由民间力量成立的、具有独立法人地位、能独立运作的专业政策研究咨询机构。该定义强调了社会智库的民间特征与政策咨询功效，但也体现出以下四方面的不足：首先，对社会智库的组成来源、运作方式、功能类型等未加以说明；其次，没有关注非民间力量组建的社会智库，且忽视了合作运作的社会智库；再次，没有重视社会智库在理论创新、社会服务、舆论引导、对外公关等方面发挥的功效；最后，没有提到社会智库的组织目标、组织性质、研究手段等。再如，李凌（2014）将民间智库界定为：由民间社会团体和学术团体创立，在组织上独立于其他任何机构，其经费或自筹，或接受基金会、企业赞助，或来源于服务所得的报酬。该定义强调了社会智库的组织性质、经费来源，但在界定社会智库时，仅关注到社会团体智库，没有涉及基金会智库、社会服务机构智库这两种智库类型，也没有提到社会智库的组织目标、组织功效、组织性质、研究手段等。石伟（2017）认为社会智库是指由个人或者企业等社会力量设立并运行经营、以战略问题和公共政策为主要研究对象、以服务党和政府科学民主依法决策为宗旨的专业智库机构。该界定明确了组织的组织性质、组织目标、组织功效与组织影响力。同时，石伟给出的界定属于泛指的社会智库，是指社会力量构成的智库而非社会组织，这与本报告所指的社会智库有一定的区别。而且，在揭示社会智库的内涵方面，该界定也是不全面的，组织注册、组织条件、组织手段等内容都没有被包含在内。此外，其他学者在界定社会智库概念时，也多关注社会智库的某一侧面，没有揭示出社会智库的全部内涵。

为此，本报告综合社会智库的官方界定与非官方界定，并结合智库的概念来界定社会智库。社会智库是指在民政部门注册且接受其规划和引导，以提升政府公共政策的制定和执行质量为目标，以汇聚专业化的研究人才、研究知识、研究技术为基础，以发挥政策咨询、理

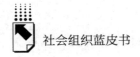

论创新、社会服务、舆论引导、对外公关等功能为出发点，以提出政策建议、发布研究报告、出版研究成果、举办研讨会议等为手段，能够在相关领域产生一定的决策影响力、社会影响力，且获得其他社会主体普遍支持的社会团体智库、基金会智库和社会服务机构智库。

这一概念反映了以下四个方面的内容。

一是组织注册。社会智库多在民政等有关部门注册，且受其规划和引导。不过，有少部分社会智库是免注册的，如中国法学会、中国人民外交学会等，属于特例。出于研究需要，本报告仅将在民政部门注册的社会智库作为研究对象。

二是组织目标、组织条件、组织功效、研究手段都与智库的概念一致，说明社会智库虽然在组织性质上属于智库的一种特殊类型，但其内涵在很大程度上与智库一致，具有智库的普遍特征。

三是组织影响力。社会智库除了在政府决策上能够产生一定的影响力外，在社会上也会产生一定的影响力，这与社会智库自身的特征密切相关，即社会智库采用社会组织的运作模式，因而具有社会组织的公益性特征，能够提升社会的公共福祉，这也使其能够获得社会其他主体的支持。

四是组织性质。根据《中华人民共和国慈善法》对社会组织类型的划分，可将社会智库按照组织性质进一步划分为社会团体智库、基金会智库和社会服务机构智库三类。

关于社会智库的类型划分，除了将组织性质作为划分标准外，还有三种划分标准：第一，以社会智库的研究领域作为划分标准，可将社会智库划分为以国内经济社会规划类政策研究为主的民办研究机构、市场化的咨询服务机构和社会化的国际智库（苗绿、王辉耀，2016）；第二，以社会智库与政府关系的密切程度作为划分标准，可将社会智库划分为官方社会智库和草根社会智库；第三，以社会智库的发展周期作为划分标准，可将社会智库划分为初创期社会智库、成长发展期社会智库和成熟期社会智库。此外，还可以依据组织的影响力、组织的发展前景等多个标准对社会智库进行划分。但相比之下，将组织性质作为划分标准，能够贴近社会智库的本质特征，更具科学性，也更符合实际。

二 中国社会智库发展现状

为详细介绍中国社会智库的发展现状，本报告从全国性社会智库的发展概况和地方性社会智库的发展概况两方面出发展开分析。

（一）全国性社会智库的发展概况

一般意义上，全国性社会智库是指注册单位为民政部的社会智库，且主要研究对象多为影响全国发展的公共政策。为深入了解全国性社会智库的发展概况，本报告将首先从纵向上对全国性社会智库的四个发展阶段（孕育期、建设期、发展期和创新期）做一简要梳理；其次，从横向上，对选取的 67 个全国性社会智库样本做系统分析；最后，概述全国性社会智库的发展特征。

1. 全国性社会智库的发展阶段

可将全国性社会智库的发展历程划分为四个阶段，即全国性社会智库的孕育期、建设期、发展期和创新期。

第一阶段是全国性社会智库的孕育期，时间是从 1978 年 12 月至 1984 年 10 月。

1978 年之前，无论在学术界还是在实务界都没有社会智库或民间智库的概念。1978 年 12 月，中国实行改革开放政策，传统的政策制定方式已经不适应时代发展的要求，政策制定的民主化、科学化成为一种趋势。在此背景下，全国性社会智库开始萌芽，并逐渐成长。1982 年 7 月 11～16 日，全国性社会智库的主要代表中国价格学会

（现为中国价格协会）主办了以中外经济体制改革为主题的学术讨论会；1982～1984 年，中国价格学会又举办了类似的会议，讨论经济体制改革的相关议题，这为 1984 年 10 月中共十二届三中全会制定《中共中央关于经济体制改革的决定》奠定了一定的理论基础，充分体现了全国性社会智库在政策制定方面发挥的重要作用。

第二阶段是全国性社会智库的建设期，时间是从 1989 年 2 月至 1997 年 11 月。

1989 年 2 月，在深圳经济特区，综合开发研究院（中国·深圳）宣布成立，这是国内第一个综合性、政策性、全国性的新型智库。该研究院的成立标志着全国性社会智库建设期的到来。之后涌现出一大批新型的全国性社会智库，针对全国公共政策的制定和执行提出了许多建议。1995 年，中国经济改革研究基金会在民政部注册成立，这是国家发展和改革委员会下属的、由中国人民银行批准设立的全国性公募基金会，也是一种特殊的全国性社会智库。1997 年 11 月 27 日，另一个具有代表性的全国性公募基金会即中国发展研究基金会成立，它是在民政部注册，并由国务院发展研究中心发起成立的。以这两个组织为代表的一类全国性社会智库（即全国性公募基金会）成立的目的在于资助与国家政策相关的研究论坛、研究报告、研究者个人或组织等，以此方式推动国家政策的完善。这也正体现出此时的社会智库建设上升到一个新的高度。

第三阶段是全国性社会智库的发展期，时间是从 2004 年 3 月至 2007 年 10 月。

全国性社会智库的发展与中央政府对全国性社会智库的重视程度密切相关。自 2004 年 3 月至 2007 年 10 月，中央政府高度重视智库建设，为全国性社会智库的发展提供了良好的政策环境。具体而言，2004 年 3 月，中共中央发出《关于进一步繁荣发展哲学社会科学的意见》，提高了对全国性社会智库咨政建言的重视程度。2007 年 10

月，胡锦涛在中国共产党第十七次全国代表大会上做的报告中强调要"完善决策信息和智力支持系统"，这有利于大幅提升全国性社会智库的地位。

第四阶段是全国性社会智库的创新期，时间是从 2008 年至今。

2008 年间，李玲娟、王志存、李建军、崔树义等多位中国学者开始关注智库研究，提出了许多创新模式，对于推动全国性社会智库的发展起到了重要作用。2013 年 4 月，习近平总书记首次提出建设"中国特色新型智库"的目标，进一步推动了全国性智库的创新发展。2015 年 12 月 1 日，国家高端智库建设试点工作启动会在北京举行，两个全国性社会智库——中国国际经济交流中心和综合开发研究院（中国·深圳）——入选首批国家高端智库建设试点单位。2016 年以来，随着智库政策的完善和智库研究的深入，全国性社会智库的创新发展不断深入，并产出了许多影响较大且具有创新性的研究成果。

2. 对67个全国性社会智库样本的分析

出于分析需要，我们选择在中国社会组织网上查到的 67 个全国性社会智库作为样本（均为在民政部注册且办公地点设在北京的社会智库，主要集中在北京东城区、西城区、海淀区和朝阳区，有 59 个社会团体、3 个基金会和 5 个社会服务机构），从以下六个方面对这些全国性社会智库进行分析：一是从全国性社会智库的类型分布角度，分析社会团体智库、基金会智库和社会服务机构智库占比与发展情况；二是从业务主管单位角度，分析其赋权来源；三是从业务领域角度，分析其主要智库产品涉及的政治、经济、科技、法律、文化艺术、卫生、教育等领域的特征；四是网站建设情况分析，侧重其中的财务信息、党建工作和海外交流专栏；五是对全国性社会智库参与社会组织评估和智库影响力排名的情况进行分析；六是对人员流动机制进行分析，揭示"旋转门"机制的作用发挥情况。

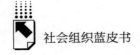

（1）全国性社会智库的类型分布

依据样本数据，本报告概括出目前全国性社会智库的类型分布规律，即全国性社会智库中，社会团体智库数量最多，社会服务机构智库次之，基金会智库最少。

67个全国性社会智库中，社会团体智库数量最多，共59个，占88%，在社会团体智库中，各类学会、研究会和促进会又占较大比例，如中国农学会、中国国际战略学会、中国环境科学学会、中国经济体制改革研究会、中国行政体制改革研究会、中国扶贫开发协会、中国妇女研究会、中国财政学会、全国党的建设研究会、中国战略文化促进会和中国就业促进会等；基金会智库共3个，占4%，多侧重于社会发展和经济领域的研究，如中国发展研究基金会和中国经济改革研究基金会，均是已通过慈善组织认证、有公开募捐资格的基金会智库；社会服务机构智库共5个，占7%，主要为研究中心和调查中心，如中智科学技术评价研究中心、华坤女性生活调查中心、新探健康发展研究中心、中益老龄事业发展中心和当代城乡发展规划院等。

社会团体智库之所以占比最高，与智库功能的独特定位有很大关系。作为汇聚科研成果的思想库，还是学会、研究会等更容易集结相关领域的专家学者。而基金会一般的功能定位是募集资金，如果从事学术科研领域的研究及赞助，其资金链势必会陷入困境。以中信改革发展研究基金会为例，一方面，它不具备公开募捐资格，另一方面，一般社会公众多捐赠给扶贫济困等传统慈善机构，很少对基金会智库进行捐赠，所以该基金会智库的主要经费来自中国中信集团有限公司。由于这样的原因，中信改革发展研究基金会常被认为是企业智库（中国社会科学评价研究院，2017）。不过，课题组通过访谈了解到，中信改革发展研究基金会是独立的社会智库，不同于中国中信集团有限公司自身的企业智库，所以本报告将其归入社会智库中的基金会智库范畴。

（2）全国性社会智库的社会组织业务主管单位

首先，参考相关政策文件，可将全国性社会智库的社会组织业务主管单位概括为以下两类。

第一类，直接作为全国性社会智库的社会组织业务主管单位：（1）国务院组成部委、国务院直属机构和国务院办事机构；（2）中国共产党中央委员会各工作部门、代管单位；（3）全国人大常委会办公厅、全国政协办公厅、最高人民法院和最高人民检察院；（4）军队系统的全国性社会智库，其社会组织业务主管单位由总政治部指定。

第二类，经中国共产党中央委员会、国务院授权作为全国性社会智库的社会组织业务主管单位，具体包括中国社会科学院、国务院发展研究中心、中国地震局、中国气象局、中国证券监督管理委员会、中国保险监督管理委员会、中共中央党校、中央文献研究室、中央党史研究室、中央编译局、外文局、中华全国总工会、中国共产主义青年团、中华全国妇女联合会、中国文学艺术界联合会、中国作家协会、中国科学技术协会、中华全国归国华侨联合会、中华全国新闻工作者协会、中国人民对外友好协会、中国残疾人联合会、中国职工思想政治工作研究会。①

其次，依据67个全国性社会智库样本数据，可将全国性社会智库的社会组织业务主管单位具体情况阐述如下：第一类，全国性社会智库的社会组织业务主管单位，即国务院各行政机关，具体包括国务院办公厅、国务院组成部门（如民政部、财政部、商务部、国土资源部、外交部、住房和城乡建设部、人力资源和社会保障部、国家发展和改革委员会、科学技术部、国家卫生和计划生育委员会、审计署等）、② 国务院直属特设机构（如国务院国有资产监督管理委员会）、国务院直属机构（如国家税务总局等）、国务院直属事业单位（如中

---

① 参考民政部《关于重新确认社会团体业务主管单位的通知》（民发〔2000〕41号）。

② 中华人民共和国中央人民政府网，http：//www. gov. cn/guowuyuan/zuzhi. htm，最后访问时间：2017年12月31日。

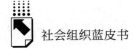

国社会科学院、中国科学院、中国保险监督管理委员会、国家行政学院、国务院发展研究中心等)、国务院部委管理的国家局(如国家外国专家局等)、国务院议事协调机构(如国务院扶贫开发领导小组办公室等)等;第二类,全国性社会智库的社会组织业务主管单位,具体包括中共中央党校、中华全国妇女联合会、中国科学技术协会等。

同时,根据这两类社会组织业务主管单位主管的全国性社会智库日常运作方式可以看出,第一类社会组织业务主管单位主管的全国性社会智库,天然地就与政府有良好的信任关系,相应地,上报渠道也较顺畅,其智库产品可以为政府公共政策的制定或修订提供参考,也就回答了为什么样本数据中全国性社会智库几乎全部分布在首都北京。其中,比较与时俱进的是国家发展改革委员会主管的中国价格协会,国务院发展研究中心主管的中国城乡发展国际交流协会,国土资源部主管的中国地质矿产经济学会,目前均已完成脱钩。

此外,从社会组织业务主管单位及其主管的社会智库数量来看,中国科学技术协会主管的社会智库数量最多。这是因为目前的全国性社会智库中,各类学会和研究会占比最大,如中国农学会、中国林学会、中国城市科学研究会、中国基本建设优化研究会、中国粮油学会、中国能源研究会等,这些学会和研究会多参与国计民生基本领域的研究。此外,多个全国性社会智库也由国家发展和改革委员会主管,如中国国际经济交流中心、中国经济体制改革研究会、中国投资协会、中国发展研究基金会和中国经济改革研究基金会等,主要与经济改革和发展领域相关。

(3)全国性社会智库的业务领域

对67个全国性社会智库样本数据的分析显示,全国性社会智库主要业务领域为经济(含金融、贸易、投资和证券等)、社会事业和科技领域。

对业务领域的分类,有不同的标准,本报告主要依据两类标准。

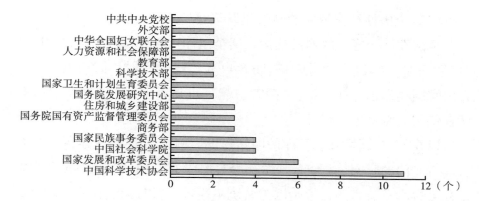

图1　67个全国性社会智库的社会组织业务主管单位及其主管的社会智库数量

一是国家统计局的分类，如《2017年国民经济行业分类》（GB/T4754——2017）中主要分为：农、林、牧、渔业；采矿业；制造业；电力、热力、燃气及水生产和供应业；建筑业；批发和零售业；交通运输、仓储和邮政业；住宿和餐饮业；信息传播、软件和信息技术服务业；金融业；房地产业；租赁和商务服务业；科学研究和技术服务业；水利、环境和公共设施管理业；居民服务、修理和其他服务业；教育；卫生和社会工作；文化、体育和娱乐业；公共管理、社会保障和社会组织；国际组织。[①] 二是中国社会组织分类体系：经济（工商服务业、农业及农村发展）、科学研究、社会事业（教育、卫生、文化、体育、生态环境）、慈善（社会服务）、综合（法律、宗教、职业及从业者组织、国际及涉外组织、其他）（徐家良，2011）等。在此基础上，我们对67个全国性社会智库的业务领域进行大致分析：排名前三的是经济（含金融、贸易、投资和证券等）、社会事业和科技领域，此外，还有一些比较有特色的其他业务领域，如国家战略、城市与乡村建设、党建、民族宗教和扶贫等。

---

① 中华人民共和国国家统计局，http：//www. stats. gov. cn/tjsj/tjbz/hyflbz/201710/t20171012_1541679. html，最后访问时间：2017年12月31日。

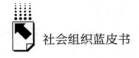

（4）全国性社会智库的网站建设

全国性社会智库的网站建设包括全国性社会智库的官网建设以及"两微一端"（微信、微博、移动客户端）建设。但目前全国性社会智库官网建设仍存在不足，"两微一端"也只有少部分全国性社会智库在使用，需要进一步推广。

以 67 个全国性社会智库的网站建设为例，其中 59 个全国性社会智库有专门的官网，5 个全国性社会智库没有专门的官网，3 个全国性社会智库虽有官网，但是因为系统不稳定，暂时无法打开。没有官网和有官网打不开的 8 个全国性社会智库均为社会团体智库。

在"互联网 +"时代，除了官网之外，还有一些全国性社会智库有微信公众号和微博，有利于其在"两微"平台上宣传和推广一些重大活动，同时可以通过社会公众的认知来影响政策制定。但是，"两微一端"的应用程度仍然不高，需要进一步在全国性社会智库中推广。

（5）全国性社会智库的影响力排名情况

按规定，全国性社会智库应参加民政部于 2007 年发起的中国社会组织评估活动。同时，民政部基于评估结果产生全国性社会智库的影响力排名。大致来看，参与社会组织评估的全国性社会智库较少，不到样本总量的一半；在参与社会组织评估的全国性社会智库中，社会团体智库占较大比例；参与社会组织评估的全国性社会智库，最后获得 3A 级的居多。

目前 67 个样本中有 26 个参与过社会组织评估，占评估总数的39%。在参与过社会组织评估的 26 个全国性社会智库里，有 21 个社会团体智库、2 个基金会智库和 3 个社会服务机构智库。其中有 6 个全国性社会智库参评 2 次，即在第一轮参评等级到期之后再度参评，占参评全国性社会智库总数的 23%。这 26 个全国性社会智库的评级结果如下：2A 级 2 个（社会团体智库和社会服务机构智库各 1 个）。

3A级15个，其中13个社会团体智库、1个基金会智库和1个社会服务机构智库，中国经济体制改革研究会参加过2次评估，第一次的评估等级是3A级，有效期为2012～2016年，之后再度参与评估，评估等级为4A级，有效期为2017～2022年。4A级7个，其中5个社会团体智库、1个基金会智库、1个社会服务机构智库，新探健康发展研究中心2次参与评估，评估等级均为4A级，有效期分别为2010～2014年和2016～2021年。中国发展研究基金会2007年参与社会组织评估，获评4A级，是全国首批参与评估的组织之一，分别于2010年和2015年被民政部评为"全国先进社会组织"。5A级2个，均为社会团体智库——中国环境科学学会和中国农学会。评级结果见图2。

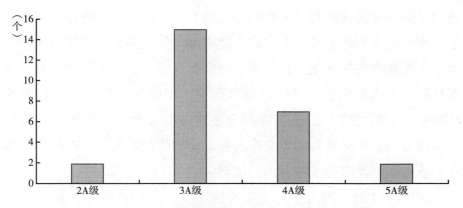

图2　26个参评全国性社会智库评估等级分布

进一步分析可知，在全国性社会智库中，参与社会组织评估的全国性社会智库并不多（26个），没有达到样本量的50%，有些全国性社会智库在评估期满之后没有再度参与评估，能连续参加两次评估的仅有6个全国性社会智库，且以3A级居多，5A级的全国性社会智库很少（仅2个）。再从全国性社会智库的类型看，参评的21个社会团体智库占社会团体智库样本量的36%；参评的2个基金会智库占基金会智库样本量的67%；参评的3个社会服务机构智库占社会

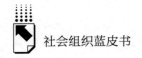

服务机构智库样本量的60%。

那么，采用目前标准化的评估指标体系对发挥智库功能的社会组织进行评估是否合适？是否需要按照上述智库建设标准研发出一套适合社会智库的评价体系，以区别于目前已有的各类智库排行榜的测评体系？这样可更有针对性和导向性地引导社会智库的建设。此外，可以对发挥智库功能的社会组织进行评优加分，以鼓励社会组织提出政策建议，发挥其贴近群众、更了解社会需求的优势。

（6）全国性社会智库的人员流动机制

中国的全国性社会智库的人员流动机制与欧美国家相同，也属于典型的"旋转门"机制。"旋转门"机制是指智库学者与政府官员角色转换的一种特殊机制。该机制分为两个方面：其一是智库学者为将学术知识转化为政策建议，采取在政府部门任职的方式，参与政府决策，实现政府决策优化；其二是政府官员为找寻决策的学术依据，采取挂职的方式参与智库机构的政策研究，以此学习相关的决策理论（李晶、刘晖，2018），或者有部分愿意继续为政府决策建言献策的退休政府官员，以转任的方式参与智库机构的政策研究，继续发挥其在专业知识、经验和人脉方面的优势。

2016年4月，习近平总书记在网络安全和信息化工作座谈会上表示"在人才流动上要打破体制界限，让人才能够在政府、企业、智库实现有序顺畅流动，国外那种'旋转门'制度的优点，我们也可以借鉴"①。以59个有正式官网的社会智库的负责人（首任、历任和现任）为例，约90%以上的负责人是原政府官员。他们通过退休完成体制内外的身份转换，依然可以发挥对国家重大问题进行分析判断的敏锐思考力、深刻洞察力和良好的人脉资源优势。近年来，一些

---

① 新华网，http：//www.xinhuanet.com/talking/2016 - 05/04/c_ 1118801410.htm，最后访问时间：2018年1月31日。

智库也在进行年轻化转型，尤其是一些从事对外交流工作的社会智库，更是借着国家的"千人计划"专项等引进"海归"人才，成功地将体制内外和国内外不同的资源平台对接起来，从而实现优势互补、协同发展。

3. 全国性社会智库的发展特征

基于以上对统计数据的初步分析，结合全国性社会智库的发展现状，我们总结出全国性社会智库五方面的发展特征：地域分布不均、综合实力较低、聚焦社会热点问题、发展不均衡和制度建设尚未成熟。

第一，地域分布不均。目前，全国性社会智库大多集中于政治中心城市或一些经济发达城市，非政治中心城市或经济欠发达城市则缺少全国性社会智库。以从中国社会组织网确认查到的 67 个全国性社会智库为例，其办公注册地均为北京，且很少在其他地区设立分支机构。这样一来，全国性社会智库很难确切掌握全国各地的发展情况，从而不利于其咨政建言功能的发挥。

第二，综合实力较低。美国布鲁金斯学会，作为美国的全国性社会智库，具有比一般社会智库更为明确的功能定位与更加系统化的建设路径，且有雄厚的资金支持、广泛的政府资源、专业的科研能力，在运作机制上也较为成熟，组织的综合实力较强。中国的全国性社会智库的综合实力与美国全国性社会智库相比有很大差距，且目前还有许多全国性社会智库的发展水平尚未达到社会智库的基本要求。全国性社会智库的整体水平较低，未能像国外主要智库那样，充分发挥咨政建言的功能。

第三，聚焦社会热点问题。目前，大多数全国性社会智库主要围绕社会热点问题展开研究，研究主要聚焦于经济改革、城市建设、环境保护、民间外交等与社会组织自身使命相关的领域，近年来着重关注"一带一路"、"中国道路"、"中国梦"等重大战略课题。

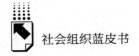

第四，发展不均衡。一些起步较早、成功采取了"旋转门"机制、有前瞻性战略部署的全国性社会智库有效地在国内外发挥深远的影响力。2015年11月入选《国家高端智库建设试点工作方案》的2个全国性社会智库，一个是成立于2009年的中国国际经济交流中心，主要研究国内外经济战略问题；另一个是成立于1989年的综合开发研究院（中国·深圳），致力于研究特区开放、港澳经济与内地的关系、地方政府发展规划与产业政策咨询、城市化发展等问题（上海社会科学院智库研究中心，2016）。其中，中国国际经济交流中心是在民政部注册的社会团体智库，是一个典型的全国性社会智库，其业务主管单位是国家发展和改革委员会。综合开发研究院（中国·深圳）是经国务院批准成立的社会服务机构智库，业务主管单位是国务院研究室。

相比之下，一些起步较晚的全国性社会智库，虽然有志于从事政策咨询，却连维持基本生存需要的资金都成问题，上报渠道也不通畅，发展举步维艰。

第五，制度建设尚未成熟。目前的社会智库管理制度尚未成熟，仍需完善，应考虑将党建和财务透明建设等方面的内容纳入其中，因为67个全国性社会智库中仅有11个设有党组织，不符合当下中国对全国性社会智库发展的要求。此外，要建立健全财务公开制度，财务公开内容包括财务状况、接受境内外捐赠资助情况、参与境外活动情况等。

（二）地方性社会智库的发展概况

地方性社会智库是指注册单位为地方民政部门的社会智库，且主要研究对象多为影响区域发展的公共政策。与全国性社会智库发展概况的描述方式相同，本报告将首先在纵向上，对地方性社会智库的孕育期、建设期、发展期、创新期四个发展阶段做简要梳理；其次，在横向上，对选取的 59 个地方性社会智库（主要集中在北京、上海、广东、海南等地）做系统分析；最后，综合描述地方性社会智库的发展特征。

1. 地方性社会智库的发展阶段

可将地方性社会智库的发展历程划分为 4 个阶段，即地方性社会智库的孕育期、建设期、发展期和创新期。

第一阶段是地方性社会智库的孕育期，时间是从 1978 年 12 月至 1986 年 7 月。

1978 年 12 月，中国实行改革开放政策，形成了政策民主化、科学化的趋势，为地方性社会智库的建设和发展提供了可能。1986 年 7 月 31 日，中共中央政治局委员、国务院副总理万里在首届全国软科学研究工作座谈会上做了题为《决策民主化和科学化是政治体制改革的一个重要课题》的报告，该报告肯定了智囊团和决策咨询机构的作用，标志着地方性社会智库发展的开始。

第二阶段是地方性社会智库的建设期，时间是从 1993 年 7 月至 2004 年 3 月。

地方性社会智库建设期的主要特征是一些有区域性影响力的社会智库逐渐建成，并发展迅速。1993 年 7 月，由几位经济学家与北京大象文化有限公司共同发起成立北京天则经济研究所，致力于经济学理论和前沿性社会经济问题的研究。再如，1994 年 12 月 17 日，上海华夏社会发展研究院成立，其前身为浦东华夏社会发展研究院，是从事社会科学研究的社会服务机构，致力于通过咨政建言的方式，优化政府的公共政策，以解决"全球化、网络化与社会文化问题"、"当代中国区域社会发展问题"、"社区建设问题"、"农村社会与乡镇企业问题"等。这股地方性社会智库发展浪潮一直未停歇，特别是 2004 年 3 月中共中央发出《关于进一步繁荣发展哲学社会科学的意见》，又进一步加快了地方性社会智库的建设步伐。

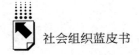

第三阶段是地方性社会智库的发展期，时间是从 2007 年 10 月至 2009 年 10 月。

2007 年 10 月，胡锦涛在中国共产党第十七次全国代表大会上发表讲话后，地方政府对地方性社会智库的重视程度进一步提升，推动了地方性社会智库的发展。在这股势头下，涌现出许多影响力更大的地方性社会智库，其中，2008 年成立的全球化智库，成为这类地方性社会智库的典型代表。全球化智库开创了地方性社会智库发展的新模式，形成了涵盖社会服务机构、基金会等不同组织形态的智库体系，从而发挥智库合力，加强政策研究。正因如此，全球化智库的研究水平得到了国内外人士的认可，且组织声望颇高，在《全球智库报告 2017》的"全球智库排行榜"上，全球化智库排名第 92 位（McGann，2018）。此外，2009 年 10 月成立的察哈尔学会也比较典型。察哈尔学会是一个由民间资本成立的无党派独立智库，总部设在河北省尚义县察哈尔牧场，除在北京设有办公室外，在上海、香港、拉萨，以及国外的首尔、路易港也设有办公室。该学会已成为中国公共外交研究领域的核心机构之一，对中国公共外交理论与实践的发展及国际关系社会智库的完善起到了积极作用。

第四阶段是地方性社会智库的创新期，时间是从 2009 年 11 月至今。

处于创新期的地方性社会智库，其主要特征是多重创新手段的应用。2009 年 11 月 1 日，南方民间智库在首届"潮涌珠江——广东网民论坛"上宣布成立。2012 年 1 月 10 日，南方民间智库以民办非企业单位的身份正式注册成立，并改名为"广东南方民间智库咨询服务中心"。该智库的创新之处在于，借助网络问政平台，给各级行政机关和单位提供科学的决策参考，这也使得广东南方民间智库咨询服务中心成为地方性社会智库技术创新的典型代表。2011 年 11 月 22 日，北京零点有数数据科技股份有限公司（原零点研究咨询集团）

主办的首届"金铃奖"颁奖典礼在北京举行。"金铃奖"是第一个由民间评选的奖项，用于奖励在民意倾听、用户倾听和民意传播方面表现突出的机构，以此激励相关机构的发展。北京零点有数数据科技股份有限公司主办的这一活动成为地方性社会智库创新实践的典型代表。2016 年 9 月 28 日，南京大学中国智库研究与评价中心和光明日报智库研究与发布中心联合发布了国内首个智库垂直搜索引擎和数据管理平台——"中国智库索引"（CTTI）系统。[①] 该系统主要依据 MRPA 测评指标，按资源占用量和资源的运用效果两大维度测评智库，有利于推动智库发展，且为新型智库建设提供参考。同时，中国智库索引（CTTI）系统也成为地方性社会智库研究创新的典型代表。2017 年 5 月，民政部、中宣部、中组部、外交部、公安部、财政部、人社部、国家新闻出版广电总局、国家统计局联合印发《关于社会智库健康发展的若干意见》，为地方性社会智库的创新发展创建了良好的发展环境。

2. 对59个地方性社会智库的样本分析

与全国性社会智库相对应，地方性社会智库的样本数据同样源于在中国社会组织网上确认查到的、在地方民政部门注册的社会组织。这 59 个地方性社会智库主要集中在北京、上海、广东、海南等地。我们从以下三个方面对这些地方性社会智库进行分析：一是分析不同类型地方性社会智库的分布情况，即社会团体智库、基金会智库和社会服务机构智库占比与发展情况；二是依据地方性社会智库的业务主管单位分析其赋权来源；三是分析地方性社会智库网站建设情况。

（1）地方性社会智库的类型分布

以我们在中国社会组织网选取的 59 个地方性社会智库的样本数

---

① 南京大学中国智库研究与评价中心：《中国智库索引（CTTI）首批来源智库及遴选过程》，http://cttrec.nju.edu.cn/cn/publications/paper/2018/0109/119.html，最后访问时间：2018 年 7 月 28 日。

据为例，社会服务机构智库最多，有 47 个，占 79.6%；其次是社会团体智库，有 11 个，占 18.6%；基金会智库最少，仅有 1 个，占 1.7%。社会服务机构智库最多的原因在于：一方面，社会服务机构智库的民间性、自主性、灵活性等特征符合地方性社会智库的发展需求。另一方面，社会团体智库和基金会智库的成立均有较高的要求，前者要求在成立初期，能够召集到具有相同意愿且专业领域一致的个体或组织共同组建；后者则要求在成立初期，能够获得较多的资金支持，否则很难实现自身的运作。这样一来，社会服务机构智库成为人们创立地方性社会智库时的首选类型。

（2）地方性社会智库的业务主管单位

地方性社会智库的业务主管单位主要包括地方政府部门、地方党委、地方政协、地方群团、地方高校，以及相关业务部门。

综合中国社会组织网等网站数据可知（见图3），除了有 10 个地方性社会智库在业务主管单位一栏没有填写或待定外，业务主管单位是地方政府部门的地方性社会智库有 10 个，包括 3 个以宣传部作为业务主管单位的地方性社会智库、1 个以民政局作为业务主管单位的地方性社会智库、1 个以教育局作为业务主管单位的地方性社会智库、1 个以人保局作为业务主管单位的地方性社会智库、1 个以证监局作为业务主管单位的地方性社会智库、1 个以省农办作为业务主管单位的地方性社会智库、1 个以金融办作为业务主管单位的地方性社会智库和 1 个以国资委作为业务主管单位的地方性社会智库；业务主管单位是地方党委的地方性社会智库有 8 个，包括 3 个以省委作为业务主管单位的地方性社会智库、2 个以市委作为业务主管单位的地方性社会智库、3 个以科委作为业务主管单位的地方性社会智库；业务主管单位是地方群团的地方性社会智库有 28 个，包括 25 个以社科联作为业务主管单位的地方性社会智库、2 个以科协作为业务主管单位的地方性社会智库、1 个以残联作为业务主管单位的地方性社会智库；业务主管单位是地方政协、地方高校以及相关业务部门的地方性社会智库均各有 1 个，其中业务主管单位是地方高校的地方性社会智库，其具体业务主管单位是北京师范大学。由此可知，以地方群团作为业务主管单位的地方性社会智库数量最多，其中以社科联作为业务主管单位的地方性社会智库有 25 个，这在一定程度上反映了地方民办社科研究机构的活跃性。

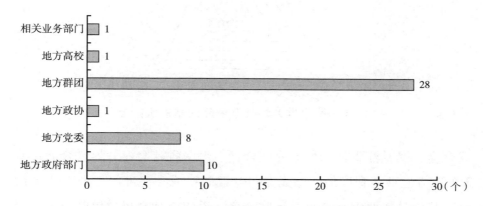

图 3 可查询到业务主管单位的 49 个地方性社会智库分布情况

（3）地方性社会智库的网站建设

地方性社会智库基本建有网站，但在网站内容设置上仍存在不足。

由 59 个地方性社会智库的样本数据（见图 4）可知，有 35 个地方性社会智库有官网，23 个地方性社会智库暂时没有官网，1 个地方性社会智库虽有官网，但系统不稳定，暂时无法打开。

35 个有官网的地方性社会智库中有 4 个在治理结构中明确设有财务部，分别是北京方迪经济发展研究院、北京万博新经济研究院、陕西永秀智库经济管理研究院、湖南省农村发展研究院。5 个地方性社会智库在官网中明确设有党建工作专栏或党委办公室，分别是上海市社会科学界联合会、北京国际城市发展研究院、广东省社会科学界

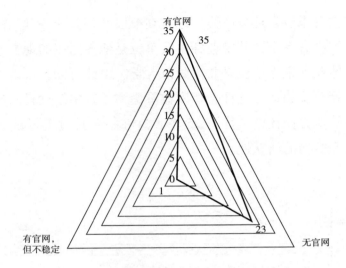

图4 59个地方性社会智库网站建设情况

联合会、黑龙江省社会科学界联合会、海南省社会科学界联合会；有3个地方性社会智库的网站无专门党建专栏或党建部门，但有相关活动，分别是陕西省社会科学界联合会、天津市社会科学界联合会、综合开发研究院（中国·深圳）培训中心。

13个地方性社会智库的网站中有海外交流信息或国际交流专栏，其中7个地方性社会智库海外交流较少，6个地方性社会智库海外交流频率较高，分别是南方国际人才研究院、天津市社会科学界联合会、察哈尔学会、海南亚太观察研究院、北方国际人才研究院、北京师范大学中国教育创新研究院。

3. 地方性社会智库的发展特征

基于以上统计数据，结合地方性社会智库的发展现状，首先，我们从地方性社会智库的发展优势出发，做如下两个方面的分析。

第一，地方性智库的功能定位非常明确，聚焦公共议题，为政府、企业、社会组织等提供咨询与服务。比如深圳市现代创新发展研究院就以打造中国改革创新的深圳名片为目标，立足深圳，面向全国，面向中国的改革开放。

第二，地方性社会智库在治理结构、网站建设、对外交流、党建工作等方面发展日趋完善。有的地方性社会智库在国内影响力方面处于领先地位，比如察哈尔学会；有的地方性社会智库海外交流频繁，国际影响力不亚于某些全国性社会智库，比如南方国际人才研究院。

其次，我们从地方性社会智库的不足出发，做如下四个方面的分析。

第一，部分地方性社会智库对外宣传不够。目前我国部分地方性社会智库将大量精力用于科研，忽视了对外宣传，导致影响力有限。相比之下，外国智库尤其重视宣传的作用。以美国著名智库阿斯彭学会为例，该学会在开展科研工作的同时，积极开展宣传活动，利用自己的期刊、丛书、传统媒体、网络提升自己在国内外的知名度，甚至借助知名的国际组织（特别是联合国），以为其策划会议的方式宣传自己。目前，阿斯彭学会无论在国内还是在国际上都属于知名智库，具有较高的舆论影响力。阿斯彭学会的成功证明了智库的影响力大小与宣传直接相关，没有高效与全方位的宣传，就没有智库舆论影响力的最大化（柯银斌、吕晓莉，2016）。

第二，地方性社会智库在全国范围内分布不均衡。从样本数据的分布来看，我国地方性社会智库主要集中在北京、上海、广东等省市，仅北京、上海、广东、海南的地方性社会智库就占了样本数据的1/2多，在中西部地区，地方性社会智库相对较少。其主要原因在于区域经济社会发展不均衡，且这种不均衡的社会智库分布，直接导致城市间发展差距的进一步拉大。那么，如何解决中国地方性社会智库分布的不均衡问题，使地方性社会智库在更多的城市中发挥作用，成为目前中国城市治理主体需要思考的问题。

第三，地方性社会智库治理结构亟待完善。由上述分析可以看出，地方性社会智库在治理结构方面存在不少问题，尤其在财务、党

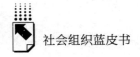

建等方面存在短板。其原因：一方面，地方性社会智库处在发展的起步阶段，各方面建设还在探索之中；另一方面，地方性社会智库缺少规范化的运营机制和约束机制。这些问题需要有关政府部门予以解决，以推进中国地方性社会智库的规范化建设。

第四，部分地方性社会智库人才吸引力较低。在中国，一些地方性社会智库存在运营资金匮乏、科研条件不足、发展前景不明朗等运营困境，导致自身对科研人才的吸引力较低，难以吸引优秀的科研人才加入，从而很难形成较强的科研实力。因此，这些缺少优秀科研人才的地方性社会智库所产出的研究成果与全国性社会智库存在一些差距。

三　中国社会智库运作模式

社会智库的运作模式是指社会智库在运作过程中采取适宜于组织建设和发展的，具有一定代表性、普及性且比较成熟的，具有推广价值的系统化发展策略。

通过梳理社会智库的运作模式，一方面，在理论层面，能够补足目前学术界缺少的对社会智库运作模式的系统化理论分析。这是因为学者们多关注智库运作模式研究，比如，李安方（2012）提出建设中国特色的社会主义智库产业体系，通过产业化的运作模式推动我国现有智库转型，培育智库相关的产业支撑系统；宁云霞（2017）运用人员循环、信息循环和输出循环三螺旋视角，从内外两个能量场建构地方高校的智库运作模式；李凌（2014）提出集群式的智库运作模式，即运用各类型活动载体或智库集群组织，促进集群内的智库组织有效合作，提高智库组织的科研创新能力，塑造智库的群体品牌形象，使集群的效益大于所有个体的效益之和。本报告则基于以往研究和调研成果，围绕社会智库运作模式，做一系统化理论分析。另一方面，在实践层面，有利于为社会智库建设和发展提供运作模式方面的参考，提升社会智库的运作水平，进而提高社会智库在咨政建言方面的能力。

在系统分析社会智库运作模式前，需要明确社会智库运作模式的划分标准。结合相关文献分析和调研成果，本报告将国内目前社会智库主要运作模式的划分标准分为运作主导主体、运作目标、运作结构、运作过程和运作产品。

第一，从社会智库的运作主导主体来看，可将社会智库的运作模式分为行政主导型运作模式、企业主导型运作模式和社会主导型运作模式。其中，行政主导型运作模式指的是社会智库主要接受政府或事业单位管理，且受政府影响较大的运作模式；企业主导型运作模式指的是社会智库主要接受企业管理，且受企业影响较大的运作模式；社会主导型运作模式指的是社会智库主要接受社会组织管理，且受社会组织影响较大的运作模式。

以上三种模式，是在"政府－市场－社会"三圈互动的分析框架下分析的，且差异可在全国性社会智库和地方性社会智库这一"二分法"上体现出来。通过对67个全国性社会智库样本数据进行分析可知，全国性社会智库多采取行政主导型运作模式，且又细分为两类：一类是以国务院相关部门作为业务主管单位的社会智库；另一类是以像中国科学技术协会这样的人民团体作为业务主管单位的社会智库，相比之下，前者数量居多。此外，也有采用企业主导型运作模式的全国性社会智库，如中信改革发展研究基金会。中信改革发展研究基金会的业务主管单位就是央企，即中国中信集团有限公司。相较于全国性社会智库，地方性社会智库多采取社会主导型运作模式，即由社会组织作为社会智库的业务主管单位，比如北京方迪经济发展研究院、北京恩玖非营利组织发展研究中心、北京国际城市发展研究院和北京新世纪跨国公司研究所，均以北京市社会科学界联合会作为业

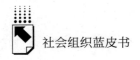

务主管单位;① 再如上海春秋发展战略研究院、上海金融与法律研究
院、上海环太国际战略研究中心、上海世界观察研究院、上海东方研
究院等民办非企业单位,也均以上海市社会科学界联合会作为业务主
管单位;此外,海南省社会科学界联合会也是海南亚太观察研究院的
业务主管单位。这正好与 2017 年 5 月九部委发布的《关于社会智库
健康发展的若干意见》中的"社会科学界联合会作为社会智库业务
主管单位"相契合,使实践探索与公共政策文件的要求相一致。

第二,从社会智库的运作目标来看,可将社会智库的运作模式分
为政府倾向型运作模式、社会倾向型运作模式和政社结合型运作模
式。其中,政府倾向型运作模式指的是社会智库在运作过程中,将帮
助满足政府的公共政策制定和公共政策执行中的相关需求视为研究目
标,围绕该目标开展一系列研究活动的运作模式;社会倾向型运作模
式指的是社会智库在运作过程中,将帮助解决社会事件乃至社会问题
中所涉及的公共政策问题视为研究目标,围绕该目标开展一系列研究
活动的运作模式;政社结合型运作模式指的是社会智库在运作过程
中,将政府对公共政策制定和公共政策改革的需求,与社会对公共政
策完善和公共政策优化的需求,一并结合到自身对公共政策研究的过
程中,由此形成的社会智库运作模式。

具体而言,首先,采用政府倾向型运作模式的社会智库,往往是
政府改革和政府职能社会化过程中的产物。这类社会智库,与政府关
系密切,甚至有官办智库的影子。它们的研究宗旨多以满足公共政策
需求为主,服务于政府的公共政策制定和公共政策执行,并做好公共
政策宣传、社会舆论引导等工作;在组织成员方面,相较于采取社会
倾向型或政社结合型运作模式的社会智库,这类社会智库拥有更多具
有政府背景或官办智库背景的研究者;在组织研究资源获取方面,相

---

① 北京市社会科学界联合会,http://www.bjskl.gov.cn/,最后访问时间:2018 年 2 月 7 日。

较于后两种智库，这类社会智库的组织资源（比如人脉资源、财物资源、信息资源等）更易从政府获取，且获取这些资源的主要渠道也是由政府开通；在组织研究领域方面，这类社会智库的研究与公共政策导向密切相关，且紧随政府公共政策导向的变化而变化，始终将公共政策的"出发点"作为其研究领域的设定范围，将公共政策的"落脚点"作为其研究领域的聚焦内容；这类社会智库多选择"自上而下"的研究方法，即以政府的名义或在政府的号召下开展公共政策研究，采用的是政府历来的公共政策文件、公共政策报告或者公开、未公开的公共政策数据，且面向社会的调研过程也具有官方色彩，倾向于选择基层政府或基层民意代表机构开展调查；组织研究成果转化为公共政策内容的渠道较为直接、高效，基本上多半的研究成果能够在政府公共政策制定和公共政策执行中有所体现。采用政府倾向型运作模式的典型社会智库有全球化智库、中国农学会、广东省体制改革研究会、广东省综合改革发展研究院和中关村产业技术联盟联合会等。

其次，采用社会倾向型运作模式的社会团体智库，与市场经济发展背景下产生的社会民主化趋势有关，是公民有组织地参与经济过程、社会过程和政治过程的产物。这类社会智库与政府、企业、高校，以及其他组织均有一定联系，且根据自身发展需要，决定联系的密切程度，民间社会智库是这类社会智库的典型代表。在具体运作过程中，这类社会智库的研究宗旨多围绕"如何通过公共政策手段，解决社会中某一公共问题"这一主题设定，聚焦于民生中反映出的公共政策需求；组织成员来源多样，可以来自政府、企业、高校，以及其他组织，唯一的人员选择标准是对组织所涉及问题的了解程度和对公共政策研究的专业程度；相较于其他两种智库，这类社会智库的组织资源，比如人脉资源、财物资源、信息资源等更多地从市场、社会及海外获取，且不同组织获取这些资源的具体渠道差异很大，具体的渠道选择是由组织的研究宗旨、研究人员、研究资金、研究方法、研究影响力等决定；研究领域主要与社会发展的动态变化密切相关，且主要立足具体的公共问题，发现相关公共政策制定和公共政策执行中的不足，由此形成研究成果，以影响政府的公共政策制定和公共政策执行；研究方法呈现"自下而上"的特征，即开展以反映社会民生为目标的调研，获取与公共政策研究相关的社情民意，再对政府的相关"顶层设计"提出优化意见和改革建议；组织研究成果转化为公共政策内容的渠道取决于该类社会团体智库的具体发展情况，有些影响力较大的社会团体智库可以直接向相关政府反映，其成果会在政府的公共政策制定和公共政策执行上有所体现；另外，一些社会团体智库需要通过参与政府购买服务，获得政府委托，此时即拥有了参与政府相关公共政策研究的资格，以此加强与政府间的联系，实现公共政策研究成果的有效转化。采用社会倾向型运作模式的典型社会智库有北京市朝阳区自然之友环境研究所、深圳市现代创新发展研究院和深圳市侨商智库研究院等。

最后，采用政社结合型运作模式的社会智库，是在政府支持倡导下，由社会其他组织发起建立的社会智库。在具体运作过程中，该类社会智库的运作模式是集政府倾向型运作模式和社会倾向型运作模式于一身的特殊模式。其研究宗旨兼顾社会公共问题的研究需要和相关政府的公共政策需求，以期通过自身的公共政策研究，提升政府公共政策优化与社会公共问题解决之间的关联程度，达成公共政策研究的最佳效果；相较于采用政府倾向型或社会倾向型运作模式的社会智库，该类社会智库拥有背景更加丰富的研究者；组织资源，比如人脉资源、财物资源、信息资源等，既易从政府获取，又可以通过社会渠道进一步补充；组织研究领域与政府的公共政策导向和社会的发展态势相关，且在具体公共政策研究过程中，有一定的侧重性；多选择"自上而下"与"自下而上"相结合的研究方法；由于该类社会智库的运作模式具有双重特性，因此其研究成果转化为公共政策内容的渠道较为直接、高效，亦能够将公共政策研究成果推广到社会，提高民众对公共政策研究成果的了解程度。采用政社结合型运作模式的典型社会智库有察哈尔学会、上海浦江社会组织创新发展研究院和中信改革发展研究基金会等。

第三，从社会智库的运作结构来看，可将社会智库的运作模式分为单一主体运作模式、多元主体运作模式。顾名思义，单一主体运作模式，就是以某一具体社会智库的名义运作，对外使用的是一种个体化的智库品牌的社会智库运作模式。相比之下，多元主体运作模式则是以智库集团或智库联盟的形式，将智库集结起来，以智库集体的名义运作，对外使用的是一种集体化的智库品牌的社会智库运作模式。

目前，多数社会智库采用单一主体运作模式，比如上海华夏社会发展研究院、北京市朝阳区自然之友环境研究所、察哈尔学会、上海浦江社会组织创新发展研究院和深圳市现代创新发展研究院等，均是采用这种运作模式的典型代表。随着中国不断发展，采用这种模式的社会智库有往多元主体运作模式发展的趋势，以发挥智库合力。

此外，还有一些社会智库开始尝试采用多元主体运作模式。根据智库集合方式的不同，可将社会智库运作模式细分为智库集团和智库联盟两种模式。其中，智库集团是指不同的社会智库实体组织共同用一个智库品牌，如全球化智库、和众泽益志愿服务中心等；智库联盟可进一步分为两类：一是不同实体组织的智库集聚，以联盟的形式存在；另一种是直接以智库联盟命名的实体组织，如南京智库联盟。

智库集团发展模式是一种创新型智库发展模式。不同于单一实体组织的智库发展模式，智库集团发展模式注重发挥集团合力，主要代表是起步于2008年的全球化智库。出于在全国各地拓展业务和分工的需要，北京东宇全球化人才发展基金会、北方国际人才研究院和南方国际人才研究院和中国与全球化研究中心组成了智库集团——全球化智库，将基金会的筹资能力和民办非企业单位的科研能力相结合，有效汇聚海内外的力量，一起打造全球化智库的品牌。这种法人主体多元的模式，加速了全球化智库的发展，使其在国际上的影响力越来越大，2018 年进入宾夕法尼亚大学全球智库排行榜中的世界百强智库，名列第 91 位，全球化智库成为首个进入全球 100 强的中国社会智库，为中国赢得了世界赞誉。[①] 另一个典型代表是和众泽益志愿服务中心，它也是一种智库集团发展模式。在该智库集团中，每个实体机构都冠名"和众泽益"，如成都和众泽益社会工作服务中心、广州市和众泽益志愿服务中心与北京和众泽益公益发展中心。围绕志愿服务这一共同的主题，不同的实体机构在"互联网＋"的思维下，逐渐形成四级平台阵地联动的"1＋1＋3＋N"项目督导模式（包括三种形式："资源对接＋下游直接合作"；"资源对接＋上游咨询服务＋下游的技术支持"；"资源对接＋和众泽益直接操作的整合资源＋搭建平台发展模式"）。[②] 这两种不同的品牌打造路径，均是社会智库法人主体多元的创新模式。

智库联盟发展模式是近年来国内智库发展的趋势之一，据李娣（2017）的研究，2015～2016 年，我国智库联盟密集成立，开启了智库间互通有无、合作研究、共同参与的新篇章，如"一带一路"智库合作联盟（2015 年）、对非投资智库联盟（2016 年）、北京城乡基层党建创新智库联盟（2016 年）、全国"一带一路"沿线城市智库联盟（2016 年）和中国国际生态智库联盟合作机制（2016 年）等。这种不同机构之间智库联盟体系形成的原因在于 2015 年之后，民政

---

① 全球化智库微信公众号，http://mp.weixin.qq.com/s/toko_ vDInKfuoUHEhBKc4Q，最后访问时间：2018 年 2 月 7 日。

② 王忠平：《志愿服务资源平台的专业化运作机制》，上海交通大学徐家良教授筹办"志愿服务与社会共建——2017 年上海志愿服务论坛"，2017 年 12 月 27 日（http://www.sipa.sjtu.edu.cn/info/1103/5525.htm，最后访问时间：2018 年 2 月 7 日）。

部社会组织管理改革创新，联盟也可以注册为社会组织，所以出现了智库联盟这种社会组织形式。

第四，从社会智库的运作过程来看，可将社会智库运作模式分为常态化运作模式、非常态化运作模式。其中，常态化运作模式是指社会智库在运作过程中，围绕其研究目标形成的固定化、规律式的研究成果产出形式；非常态化运作模式是指社会智库在运作过程中，围绕其研究目标形成的非固定化、自由式的研究成果产出形式。

采用常态化运作模式的典型代表为深圳市现代创新发展研究院。深圳市现代创新发展研究院长期致力于组织社会各方力量为促进深圳市乃至全国的改革、创新事业（包括制度创新、机制创新、社会创新等方面）建言献策，由此形成了一系列常态化研究，并产出了较为固定的研究成果。

（1）政策建议：每年根据中央和社会关注的改革创新领域的若干重大理论和实践问题，自立研究课题，提出建设性的建议，为党和政府决策提供参考和咨询。

（2）研究报告：一方面，自2014年以来，深圳市现代创新发展研究院已经连续4年出版《中国改革报告》，旨在记载和反映年度国家重大改革进程。该报告既成为年度中国改革创新的社会第三方评估报告，又成为向国家提出若干改革建议的重要研究报告。另一方面，深圳市现代创新发展研究院立足深圳，每年不定期推出系列研究报告，为深圳市委提供决策咨询，针对深圳市面临的重大改革问题提出建设性的意见和建议。

（3）研究刊物：每年将大梅沙论坛嘉宾的发言和讨论内容整理成《大梅沙中国创新论坛文集》，并予以出版。

至今，深圳市现代创新发展研究院依旧延续着以往的研究路径，以常态化运作模式，为深圳乃至全国的改革创新建言献策。采用类似运作模式的社会智库还有中国农学会、北京市朝阳区自然之友环境研究所、上海浦江社会组织创新发展研究院等。值得一提的是，上海浦江社会组织创新发展研究院的常态化运作模式与深圳市现代创新发展研究院的常态化运作模式有所区别，上海浦江社会组织创新发展研究院的常态化运作模式表现为常年以承接上海市民政局和浦东新区民政局有关课题为主，根据上海市民政局和浦东新区民政局的需求，递交有针对性的公共政策咨询报告，以达到咨政建言的目的，是在外在影响下形成的一种常态化运作模式，与深圳市现代创新发展研究院根据自身发展状况内生而成的常态化运作模式有所区别。

采用非常态化运作模式的典型代表为中信改革发展研究基金会。中信改革发展研究基金会致力于开展和资助有关社会科学领域重大课题特别是中国特色社会主义发展道路和发展模式等方面的研究项目、学习和宣传活动、研究论坛和科研组织等，不具有定向性，会在审核的基础上，予以资助。此外，也会以组织名义开展课题研究、举办各种研讨会和系列讲座、发行研究刊物、制作视频等。通过多样化的方式，达到咨政建言的功效，助力社会主义和谐社会的建设。采用类似运作模式的社会智库还有中智科学技术评价研究中心、广东亚太创新经济研究院等。

第五，从社会智库的运作产品来看，可将社会智库运作模式分为单一产品型运作模式、多元产品型运作模式。其中，单一产品型运作模式多由专注于完成某一项具体公共政策研究的社会智库采用，表现为对某一产品形式的倾向性产出，以此体现社会智库的研究深度；多元产品型运作模式多由专注于某个公共政策研究领域的社会智库采用，表现为对该公共政策研究领域内多元产品的倾向性产出，以此体现社会智库的研究广度。

采用单一产品型运作模式的社会智库，其产品往往以公共政策建议或公共政策报告形式为主，专注于以此形式向政府建言献策。比如广东省体制改革研究会，及其组建的广东省综合改革发展研究院，每年以公共政策报告的形式，为省、市、县（区）政府部门和企业提供报告成果及相关咨询服务 30 多项，多项成果获省领导肯定批示，成为政府决策的重要参考。

采用多元产品型运作模式的社会智库，其成果主要可以分为成果要报、内参、系列出版物、系列科研项目、特色论坛和培训班等。大部分社会智库是多元智库产品一起研发，比如，中国农学会一直关注"三农"领域的研究，且围绕此研究主题，形成了一系列成果，包括"三农"领域的公共政策建议、"三农"领域的研究会议、"三农"领域的服务平台、"三农"领域的研究期刊、"三农"领域的科普等；再如，深圳市侨商智库研究院围绕"华人华侨经济、社会、文化"，向政府提出相关公共政策建议、发布相关研究报告、举办相关学术会议、创办相关研究期刊。目前，采用多元产品型运作模式的社会智库的数量较多，同时这些社会智库的自身影响力也较大。可以说，多元产品型运作模式已经成为许多社会智库拓展自身影响力的必选模式。

参考文献

陈振明，2014，《政策科学与智库建设》，《中国行政管理》第 5 期。

荆林波等，2017，《中国智库综合评价 AMI 研究报告（2017）》，中国社会科学出版社。

柯银斌、吕晓莉主编，2016，《智库是怎样炼成的？——国外智库国际化案例研究》，江苏人民出版社。

李安方，2012，《智库产业化发展的基本特征与操作》，《重庆社会科学》第 6 期。

李娣，2017，《中国特色新型智库的发展新态势和生态体系》，载张大卫、张瑾等《加快构建中国特色新型智库生态圈》，中国经济出版社。

李凌，2014，《中国智库影响力的实证研究与政策建议》，《社会科学》

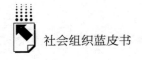
第 4 期。

李凌等，2012，《智库产业——演化机理与发展趋势》，生活·读书·新知三联书店。

李向宽，2011，《试论我国政府决策机制存在的问题与对策》，《经济视角》第 7 期。

李晶、刘晖，2018，《旋转门：高校智库服务政府决策的制度创新》，《教育发展研究》第 7 期。

苗绿、王辉耀，2016，《社会智库如何利用运营机制创新促进发挥政策影响力》，《中国科学院院刊》第 8 期。

宁云霞，2017，《新型地方高校智库运作模式研究——基于"三螺旋"模型的分析视角》，硕士学位论文，河北经贸大学。

上海社会科学院智库研究中心，2016，《2015 年中国智库报告影响力——排名与政策建议》，上海社会科学院出版社。

石伟，2017，《智库建设法制化研究》，中共中央党校出版社。

王辉耀、苗绿，2014，《大国智库》，人民出版社。

魏礼群，2015，《公共决策与智库建设》，《中国行政管理》第 10 期。

徐家良编著，2011，《社会团体导论》，中国社会出版社。

徐家良，2012，《第三部门资源困境与三圈互动：以秦巴山区七个组织为例》，载徐家良主编《中国第三部门研究》第 1 期，上海交通大学出版社。

闫志开、王延飞，2015，《智库运转机制比较分析》，《情报理论与实践》第 5 期。

詹姆斯·G. 麦甘，2018，《美国智库与政策建议：学者、咨询顾问与倡导者》，肖宏宇、李楠译，北京大学出版社。

Abelson, Donald E. 2004. "The Business of Ideas: The Think Tank Industry in the USA", in *Think Tank Traditions: Policy Research and the Politics of Ideas*, eds. by Diane Stone and Andrew Denham. Manchester, UK: Manchester University Press.

McGann, James G. 2018. "2017 Global Go to Think Tank Index Report", *TTCSP Global Go to Think Tank Index Reports 13*.

分 报 告

Sub‑Reports

中国智库发展专题分析

徐家良　邰鹏峰　徐阳*

摘　要： 　中国智库发展专题分析部分一方面通过分别介绍全国
性智库和地方性智库的发展概况，综合分析中国智库
的特点及其优势；另一方面，在对比国内智库类型的
多重划分标准基础上，提出以注册单位作为划分标准
的观点，以此将国内智库划分为官方智库、高校智库、
企业智库、境外智库、宗教智库和社会智库五类，同
时提出，五类智库均受到了国际环境、社会环境、政
治环境、法治环境和地域环境五种环境因素的影响，

---

* 徐家良，上海交通大学国际与公共事务学院教授、上海交通大学中国公益发展研究院院长、
上海交通大学中国城市治理研究院研究员，博士生导师；邰鹏峰，上海体育学院副教授、上
海交通大学国际与公共事务学院博士后；徐阳，华东师范大学公共管理学院硕士研究生。

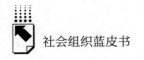

揭示了中国智库所处的环境状态。

关键词： 全国性智库　地方性智库　智库类型

在中国经济发展转型和社会矛盾凸显的关键时期，智库的作用越来越受到党和国家的重视。自 1986 年 7 月中共中央政治局委员、国务院副总理万里在首届全国软科学研究工作座谈会上做了题为《决策民主化和科学化是政治体制改革的一个重要课题》的报告后，中国正式确定了加快中国智库建设的政策方略，且长期以来，对智库的探索从未停歇。至今日，中国智库发展规模十分可观，可通过不同的统计渠道，对中国智库的发展规模，做一初步了解。目前，公认的、较为权威的官方或非官方中国智库统计数据，主要来源于"智库中国网站"[①]、上海社科院智库研究中心提供的"智库名录"、清华大学公共管理学院发布的《清华大学智库大数据报告（2017）》、南京大学中国智库研究与评价中心推出的"中国智库索引"（CTTI）系统[②]中首批来源智库（2017～2018）入围名单等，统计详情参见表 1。

表 1　中国智库统计的主要渠道及其数据信息一览

主要渠道	数据信息
智库中国网站	据智库中国网站统计,我国目前共有 478 个智库,其中全国性智库机构 93 个、地方性智库机构 385 个。地方性智库机构,其中 136 个地方高校智库机构、69 个民间智库(学会、企业等)、180 个地方党政部门相关的智库

[①] 智库中国网站，http://www.china.com.cn/opinion/think/，最后访问时间：2018 年 7 月 31 日。
[②] 中国智库研究与评价中心，2018，《中国智库索引（CTTI）首批来源智库及遴选过程》，http://cttrec.nju.edu.cn/cn/publications/paper/2018/0109/119.html，最后访问时间：2018 年 7 月 28 日。

续表

主要渠道	数据信息
"智库名录"	据"智库名录"统计,我国的智库体系中有国家党政军/科研院所智库70个、地方党政智库63个、地方科研院所智库67个。
《清华大学智库大数据报告(2017)》	在《清华大学智库大数据报告(2017)》评价选取的510个智库列表中,共有218个高校智库,102个企业、社会智库,36个党校行政学院智库,46个社科院智库,101个党政部门智库,5个科研院所智库,2个军队智库
"中国智库索引"(CTTI)系统中首批来源智库(2017~2018)入围名单	根据"中国智库索引"首批来源智库(2017~2018)的入围名单,目前有66个党政部门智库、46个社科院智库、44个党校行政学院智库、254个高校智库、6个军队智库、24个科研院所智库、2个企业智库、36个社会智库、11个媒体智库

资料来源:本报告汇总"智库中国网站"、"上海社会科学院智库研究中心网站"①、《清华大学智库大数据报告（2017）》、"中国智库研究与评价中心网站"的相关信息。

为具体了解中国社会智库的发展状况,本报告将从全国性智库与地方性智库两个维度,对中国智库运作情况作具体概述。

一　全国性智库发展分析

全国性智库主要是指具有智库性质、智库特点、智库功能的国家部委或直属单位（如中央党校、国家行政学院、中国社会科学院、中国工程院、国务院发展研究中心等）以及国家部委下属的智库型组织（如中国宏观经济研究院、科技部科学技术发展战略研究院等）。全国性智库的注册地一般在北京,其影响力波及全国,甚至全球。那么,全国性智库的发展究竟如何?可从其组织类型、政策影响力、国际影响力三方面去分析。

---

① 上海社会科学院智库研究中心网站,http://www.pjzgzk.org.cn/list8/19.htm,最后访问时间:2018年7月26日。

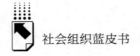

从类型上来看，全国性智库以国家级的党政部门、社科院所和社会智库为主，辅之以党校行政学院、军队相关的智库。总体来看，全国性智库呈现四个主要特点：一是涉及的类别多，有教育、经济、文化、军事、国防、信息、外交等；二是"中国"字头机构多，如国务院发展研究中心、中国社会科学院、中国科学院、中国工程院、中共中央党校和国家行政学院；三是机构大多设在北京，有些机构尽管在外地有办事机构，但总部还是在北京；四是在国内具有较强的竞争力与较大的影响力。全国性智库在不同的领域均有较大的影响力，如国务院发展研究中心，提出的经济政策咨询对中国经济政策产生的影响较大。

从政策影响力来看，全国性智库在中国智库体系中有很大的影响力。在国家强调决策科学化、民主化的背景下，党和政府部门将一系列政治经济、社会文化的战略问题、策略问题、热点问题、难点问题委托给全国性智库进行深入研究，听取全国性智库建议，从中作出选择和决策。

全国性智库注重党和国家重大方针政策研究、重大经济社会问题研究、政府公共政策问题研究，将主要的人力、物力、财力和时间都投入到这些方面，承接党和政府部门的研究课题，取得重要研究成果。一些成果直接或间接转化为党和国家的决策，转化为政府有关部门的公共政策措施，智库对政府公共政策的影响力日益扩大。从上海社科院提供的智库报告（见表2）来看，以2017年度的中国智库综合影响力排行榜为例，前十位、二十位、三十位的智库基本上都是中央党政及科研系统的智库，其实力由此可见一斑。

从国际影响力来看，全国性智库受到国外智库和外国政府机构越来越多的重视。全球智库排名中出现不少中国智库的名字，而且国外智库与全国性智库开展多方面的合作，表明其实力得到国际社会的认可。

表2　中国智库综合影响力第 1~30 名

2016 年排名	2017 年排名	智库名称
1	1	中国社会科学院
4	2	中国科学院
2	3	国务院发展研究中心
3	4	中共中央党校
6	5	中国工程院
11	6	中国现代国际关系研究院
5	7	中国宏观经济研究院
13	8	中国人民解放军军事科学院
17	9	国防科技大学
8	10	中国国际问题研究院
14	11	中国国际经济交流中心
7	12	北京大学国家发展研究院
21	13	中国社会科学院国家全球战略智库
10	14	国家行政学院
	15	综合开发研究院（中国·深圳）
23	16	上海国际问题研究院
19	17	国家信息中心
22	18	中国财政科学研究院
30	19	商务部国际贸易经济合作研究院
24	20	中国国际战略学会
12	21	中共中央文献研究室
28	22	新华社世界问题研究中心
18	23	中共中央编译局
26	24	中国人民大学国家发展与战略研究院
27	25	中国社会科学院国家金融与发展实验室
	26	中国（海南）改革发展研究院
20	27	中国人民大学重阳金融研究院
15	28	清华大学国情研究院
	29	复旦大学中国研究院
	30	当代世界研究中心

资料来源：上海社会科学院智库研究中心发布的《2017 年中国智库报告——影响力排名与政策建议》。

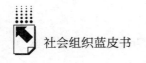
二　地方性智库发展分析

地方性智库与全国性智库相对应，是一种区域性智库，旨在以跨区域或某一特定区域为对象开展相应的智库研究，包括政策研究与决策咨询，为某一具体的、特定的行政区域范围的党政部门提供智力支持、决策参考，发挥参谋助手的作用。本报告在分析地方性智库发展的过程中，一方面，以上海、湖南、江苏、山东为例，具体分析了四个地区的地方性智库建设情况；另一方面，结合上海、湖南、江苏、山东以及其他地方的地方性社会智库发展状况，运用相关调查报告的统计数据，从宏观和微观两种角度，系统总结了地方性社会智库的发展特点。

（一）地方性社会智库发展概况

从 2013 年 11 月至 2017 年 12 月，上海、湖南、江苏、山东等地相继出台智库建设实施方案，为中国特色新型智库建设在地化提供具体指导。根据不完全的统计，从 2013 年 11 月至 2017 年 12 月，全国各地共发布地方规范性文件 30 多份。下面择要介绍上海、湖南、江苏、山东四地的智库建设情况。

上海　2009 年，上海社会科学院成立智库研究中心，这是全国第一家专门开展智库研究的学术机构。2013 年 11 月，中共上海市教育卫生工作委员会、上海市教育委员会印发《加强上海高校新型智库建设的指导意见》，对高校新型智库从建设任务、建设目标、建设举措、建设保障四个方面作了详细规定。从 2014 年起，上海社会科学院每年都发布《中国智库报告——影响力排名与政策建议》。2014 年 10 月，上海市教育委员会制定实施《关于推进上海高等学校科学研究分类评价的指导意见》，对高校智库研究成果评价机制进行创新完善，探索建立研究报告、咨询报告等多种科研成果多元化评价体系，完善科研人员的分类考核体系。2017年3月，上海社会科学院与中国浦东干部学院、光明日报社在中国浦东干部学院联合召开"中国特色新型智库建设高层论坛2017"，与会人员讨论了如下问题：一是如何加强新型智库内涵建设，推动智库建设健康发展；二是如何聚焦党和政府战略需求、战略重点开展前瞻性、针对性、储备性研究；三是如何加强决策部门同智库的信息共享和互动交流，实现党政部门政策研究与智库对策研究有效对接。2017年12月1日，由上海社会科学院、新华社国家高端智库、复旦大学发展研究院、全球化智库和上海社会科学院智库建设基金会联合主办，上海社科院智库研究中心承办的"2017上海全球智库论坛"在上海举行。

湖南 2015年7月，中共湖南省委办公厅、湖南省政府办公厅联合发布《关于加强湖南新型智库建设的实施意见》，要求做好以下几个方面：一是准确把握新型智库建设的总体要求、基本原则和主要目标；二是努力从湖南实际出发建设一批新型智库；三是积极创新智库建设的方式和途径；四是建立健全智库发展的供需对接和工作保障制度；五是切实加强对智库建设的领导和管理。2015年8月，中共湖南省委宣传部发布《关于湖南新型智库建设重点工作和项目责任分工的意见》，对相关部门的工作职责作了明确界定。2015年9月，湖南省宣传部制定《湖南省省级重点智库管理办法》，包括以下内容：省级重点智库的确立原则、申报条件与审批程序，省级重点智库的管理方式和组织形式，省级重点智库的研究重点、研究方式、成果形式和成果推出要求，省级重点智库的人才队伍建设，省级重点智库的经费投入，省级重点智库的督查考核。2015年9月17日，湖南智库网（www.hnzk.gov.cn）正式开通运行，这一网站由湖南省委宣传部主管，湖南省社会科学院主办，它与《决策参考·智库成果专报》、"湖湘智库"微信号（huxiangzhiku）共同组成湖南省智库建设

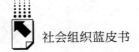

的三大新媒体平台。2015年10月16日，"湖南省推进新型智库建设工作座谈会"召开，确立了首批七个省级重点智库，聚焦社会重大问题，为湖南省委、省政府提供决策咨询服务。

山东　2015年7月，山东社会科学院发起，邀请省内各类智库、各地市社会科学院加盟的山东智库联盟在济南成立，山东智库联盟在线网站和微信公众号同步开通，整合全省各类智库资源，重点推出智库精品成果。2016年12月，山东省人才工作领导小组从经济建设领域、政治建设领域、文化建设领域、社会建设领域、生态文明建设领域、党的建设领域六个领域公布了183名智库高端人才。2016年12月29日，山东社会科学院主办的山东智库联盟2016年年会暨泰山智库讲坛在济南举行。2017年5月，山东省科学技术协会发布《山东省科协关于建设高水平科技创新智库的实施意见》。2017年8月，山东省科学技术协会公布《山东省智库高端人才团队组成专家名单》，首批智库高端人才入库专家按照专长、自主选择的原则，组建形成28个团队。2017年12月4日，山东社会科学院主办的2017年山东智库联盟年会在济南举行，据不完全统计，省内首批重点智库试点单位已全部加入山东智库联盟，联盟成员单位近60个。

江苏　2015年11月，中共江苏省委办公厅、江苏省人民政府办公厅发布《关于加强江苏新型智库建设的实施意见》，涉及总体要求、重点任务、管理机制、制度保障、组织领导等五个方面的内容。2015年底，紫金传媒智库、中国法治现代化研究院等首批9个江苏省重点高端智库挂牌成立，研究范围涉及党建、经济、文化、传媒、法治、道德、农业、区域现代化等。2016年1月，江苏省科学技术协会公布《江苏省科协关于建设高水平科技创新智库的实施意见》。2016年上半年，遴选出江苏长江经济带研究院、食品安全风险治理研究院等15个省级重点培育智库，江苏省智库建设格局大体形成。2016年10月19日，江苏省社会科学界第十届学术大会开幕式暨首届江苏智库峰会在南京举行。2017 年 4 月，中共江苏省委宣传部发出《关于成立江苏省新型智库理事会的通知》，经研究决定成立江苏省新型智库理事会，作为指导全省新型智库建设的议事机构和评估机构。2017 年 12 月 29 日，由中共江苏省委宣传部、江苏省社会科学联合会主办，新华报业传媒集团承办的第二届江苏智库峰会在南京举行，为江苏未来的新蓝图出谋献策。

表3　上海、湖南、山东、江苏四地发布智库规范性文件情况

时 间	省 份	名 称
2013 年 11 月	上海市	中共上海市教育卫生工作委员会、上海市教育委员会印发《加强上海高校新型智库建设的指导意见》
2014 年 10 月	上海市	上海市教育委员会制定实施《关于推进上海高等学校科学研究分类评价的指导意见》
2015 年 7 月	湖南省	中共湖南省委办公厅、中共湖南省人民政府办公厅联合发布《关于加强湖南新型智库建设的实施意见》
2015 年 10 月	山东省	中共山东省委办公厅、中共山东省人民政府办公厅发布《关于加强中国特色新型智库建设的实施意见》
2015 年 11 月	江苏省	中共江苏省委办公厅、中共江苏省人民政府办公厅发布《关于加强江苏新型智库建设的实施意见》
2016 年 1 月	江苏省	江苏省科学技术协会发布《江苏省科协关于建设高水平科技创新智库的实施意见》
2016 年 9 月	山东省	中共山东省委宣传部《关于公布山东省重点新型智库建设试点单位名单的通知》
2017 年 5 月	山东省	《山东省科协关于建设高水平科技创新智库的实施意见》

综观上海、湖南、山东、江苏四地情况，可以发现各地在智库建设方面均有各自的特点：上海智库建设以高校智库、上海社会科学院两个阵地为主线，在递交咨询报告、会议交流、智库报告出版、课题资助等方面发挥了重要作用；湖南智库的特点是在有关意见指导下，

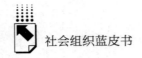

通过明确各政府部门职责，借助新媒体平台，共同推进智库可持续发展；山东则通过组建智库联盟、公布高端人才团队、召开智库会议方式产生智库合力，发挥智库积极作用；江苏智库建设通过发布相关意见、成立智库理事会、召开智库大会、开通江苏智库网等方面逐渐形成体系化。

（二）地方性智库发展特点

地方性智库在其发展过程中，宏观上展现出了四方面特点，即地方性智库以官办智库为主导；地方性智库普遍呈现类型多元化、建设主体混合化特征；地方性智库影响力普遍有限；地方性智库所属地域的发展水平间接影响到地方性智库的影响力。此外，对比地方党政智库、地方社会科学院、高校智库的影响力排名，又可发现地方性社会智库的微观特点，即在地方性智库中，地方党政智库与地方社会科学院影响力较小；新型地方性智库的社会认可度提升；经济与国际关系领域的地方性智库影响力增强。

首先，从宏观层面审视地方性智库有以下几个方面的特点。

第一，从地方性智库的性质来看，官办智库占主导地位。地方党政部门、地方社会科学院和高校都是中国的政府机构、事业单位，由财政拨款，因此，地方智库还是以官方智库为主，由社会组织、企业承担智库功能的较少。

第二，从地方性智库的类型上来看，其呈现多元化、混合化的特点。地方性智库以地方各级党政部门、科研院所、高校、党校行政学院为主，辅之以企业和社会智库，出现智库类型多元化的特性。同时，高校与企业、媒体与企业联合设立相关智库，出现混合化的智库建设倾向。

第三，从地方性智库的影响力来看，相较于全国性智库，其影响力比较有限。以 2017 年度中国智库综合影响力排行榜为例（见表

2），前 10 位、20 位、30 位的智库基本上只有零星几个智库是属于各地方高校和科研院所类型的。

第四，从地方性智库的地域来看，城市的发展水平又间接影响了地方性智库的影响力。纵览表 5 至表 8，可以看出，北京、上海、广州、深圳等特大城市以及东南沿海等先发展地区的地方性智库的影响力较大；其他城市的地方性智库，影响力较小。

之后，从微观层面，根据影响力排名表 4 至表 8，可总结出地方性智库如下几个方面的特点。

第一，地方党政智库与地方社会科学院影响力有限。从系统影响力看，地方党政智库与地方社会科学院智库的综合排名不仅低于国家党政军和部委直属事业单位智库，而且低于高校智库和社会智库。从入选综合影响力前 100 位的智库类型分布看，地方党政智库只有 9 个入选，地方科研院所为 14 个，平均排名均在 70 位以后，而国家党政军和部委直属事业单位智库则具有诸多的优势。这些现象反映出这样两个方面的情况：一方面，与全国性智库相比较，地方性智库是整个智库体系建设的短板，需要想办法尽快补上。另一方面，地方性智库的服务对象主要是地方政府，因此，影响力主要局限于地区层面，对全国的影响力弱。

第二，新型智库的社会认可度提升。在 2016 年度排行榜上，新型智库开始崭露头角，社会认同度提升。中国人民大学重阳金融研究院（以下简称"人大重阳"）和全球化智库表现特别突出。人大重阳借助社会资金与媒体渠道，与一般高校智库传统发展轨迹不同，成为 G20 和 T20 活动的积极倡议者之一，是媒体型智库的代表。全球化智库作为新型社会智库，专注于人才、留学、移民和全球化等专业领域，每年出版多本蓝皮书和研究专著，主办国际论坛，在国内外均拥有较高的声望。

第三，高校智库排名调整符合中国智库特点。在智库评价体系中，高校不再以整体的方式参评智库排名，而只以二级机构参与智库影响力排名，使得高校智库在2017年的排行榜发生重大调整。尽管不少高校也参与智库建设，但高校的第一任务是教书育人，教授只是在教学科研以后再提供决策咨询服务，因此，高校智库仅仅是中国智库体系众多主体中的一个。

第四，经济与国际关系领域的智库影响力增强。从专业影响力看，与以往排名类似，国际关系类智库和经济类智库的综合影响力排名保持较高水平，政治类和社发类智库次之，而文化类、教育类、科技类、生态类智库排名相对较后面。这说明，各智库最活跃的领域还是经济与国际关系领域，与政府政策需求有密切关系（上海社会科学院智库研究中心，2018）。

表4　2016年度入选综合影响力前100位的智库类型分布

系统类别	数量	平均排名（数字越小说明影响力越大）
国家党政军/科研院所智库	10	8.6
部委直属事业单位智库	26	40.7
地方党政智库	9	72.4
地方科研院所智库	14	78.4
高校智库	21	48.9
社会（企业）智库	20	56.7

资料来源：上海社会科学院智库研究中心发布的《2016年中国智库报告——影响力排名与政策建议》。

表5　地方党校行政学院系统影响力第1~10名

2017年排名	智库名称	2016年排名
1	中共上海市委党校（行政学院）	4
2	中共北京市委党校（行政学院）	5
3	中共浙江省委党校（行政学院）	10

2017 年排名	智库名称	2016 年排名
4	中共广东省委党校（行政学院）	
5	中共江苏省委党校（行政学院）	
6	中共山西省委党校（行政学院）	
7	中共河南省委党校（行政学院）	
8	中共山东省委党校	
9	中共江西省委党校（行政学院）	
10	中共四川省委党校（行政学院）	

资料来源：上海社会科学院智库研究中心发布的《2017 年中国智库报告——影响力排名与政策建议》。

表 6　地方政研智库系统影响力第 1~10 名

2017 年排名	智库名称	2016 年排名
1	上海国际问题研究院	1
2	上海市人民政府发展研究中心	2
3	深圳市政府发展研究中心	3
4	广东省人民政府发展研究中心	7
5	浙江省政府发展研究中心	6
6	北京市经济信息中心	
7	上海市发展改革研究院	
8	北京市信访矛盾分析研究中心	9
9	安徽省政府发展研究中心	
10	福建省政府发展研究中心	

资料来源：上海社会科学院智库研究中心发布的《2017 年中国智库报告——影响力排名与政策建议》。

表 7　地方社会科学院系统影响力第 1~10 名

2017 年排名	智库名称	2016 年排名
1	四川省社会科学院	4
2	广东省社会科学院	3
3	江苏省社会科学院	5
4	北京市社会科学院	2

2017 年排名	智库名称	2016 年排名
5	山东省社会科学院	7
6	湖北省社会科学院	10
7	湖南省社会科学院	9
8	重庆市社会科学院(重庆市政府发展研究中心)	6
9	云南省社会科学院	
10	河南省社会科学院	

资料来源：上海社会科学院智库研究中心发布的《2017 年中国智库报告——影响力排名与政策建议》。

表 8　高校智库的系统影响力第 1～10 名

2017 年排名	智库名称	2016 年排名
1	北京大学国家发展研究院	1
2	中国人民大学国家发展与战略研究院	4
3	清华大学国情研究院	2
4	复旦大学中国研究院	
5	武汉大学国际法研究所	并列 10
6	中山大学粤港澳发展研究院	
7	北京大学国际战略研究院	5
8	复旦大学复旦发展研究院	并列 10
9	华南理工大学公共政策研究院	
10	清华大学当代国际关系研究院	6

资料来源：上海社会科学院智库研究中心发布的《2017 年中国智库报告——影响力排名与政策建议》。

三　中国智库的类型划分

中国智库类型多样，且划分标准不一。综合来看，智库主要有智库隶属关系、智库注册部门、智库研究内容和智库研究功能四个划分标准。

（一）智库隶属关系

智库隶属关系是大多数专家学者普遍选择的智库划分标准，由此产生了智库"两分法"、"三分法"、"四分法"、"五分法"，乃至"八分法"等的划分结果。比如，张伟（2017）认为可将智库按隶属关系分为两类，即国家所有智库与社会所有智库；王辉耀、苗绿（2014）认为可将智库按隶属关系进一步分为三类，即官办智库、高校智库、民营智库；李凌（2014）则依据智库隶属关系，将智库划分为四类，即党政军智库、社科院智库、高校智库、民间智库；孙蔚（2011）依据智库隶属关系，同时结合了智库的自身性质，将智库划分为五类，即准智库性质的官方机构、党委政府所属事业性单位的哲学社会科学研究机构、大学里各种社会科学院系和各种社会科学研究机构、挂靠在企业里的各种研究机构、民间注册的单独的研究机构；清华大学智库研究中心（2018）也以智库隶属关系为划分依据，在结合以往学者研究的基础上，进一步将智库细分为八类，即军队智库、科研院所智库、党政部门智库、社科院类智库、党校行政学院智库、企业智库、社会智库、高校智库（2018）。

（二）智库注册部门

智库注册部门这一划分标准与第一种划分标准，即智库隶属关系，有一定的相似性，均关注智库与其他组织之间的关系。但第一种标准主要关注智库与其他组织的从属关系或合作关系，相比而言，以智库注册部门作为智库划分标准，更多的是关注中国智库的法律规范和管理实际，因为不同类型的智库会依据法律要求，选择在相对应的政府管理部门注册。比如，薛澜、朱旭峰（2016）认为从智库注册部门出发，应将智库分为四种类型，即事业单位法人型智库（该类智库主要在各级政府机构编制管理机关核准登记或备案）、企业型智库（该类智库主要是在各级政府的工商行政管理部门登记注册的企业组织）、民办非企业单位法人型智库，简称"民非型"智库（该类智库主要是在各级政府的民政主管部门登记注册的社会法人团队）、大学下属型智库（该类智库主要存在于具有事业单位身份的大学中），且排除了党政机关内部的政策咨询机构，认为其不属于智库，而属于政府机关的组成机构之一，以此来进行分类管理。

（三）智库研究内容

智库研究内容这项划分标准主要关注智库在实施政策研究后的实际产出，并根据产出的研究内容，划分智库类型，明确智库间的区别。比如麦甘（2018）认为智库按照其研究内容可分为三类，即侧重于政策理论研究的传统型智库，侧重于政策研究和政策推广的知行合一型智库，以及侧重于重组打包和传播其他智库思想与政策建议的行动型智库。

（四）智库研究功能

智库研究功能这项划分标准主要关注智库在咨政建言过程中发挥的功能，以及智库成果产出的实际影响力，比如杨尊伟、刘宝存（2014）认为智库按研究功能可划分为四类，即以理论研究为导向的学术机构、以政策建议为导向的政府委托机构、影响社会舆论的倡议型机构，以及渴望成功竞选公职的候选人（或他们的支持者）或卸任的政府官员创立、带有一定政治性的遗产型智库；周仲高（2013）将智库研究内容从智库的研究出发点（追求纯粹的学术研究，还是解决现实问题）和智库的研究领域（单一的专业化研究，还是结合各学科知识的综合性研究）两方面出发，将智库细化为六种类型，即学术思想智库、战略型智库、策略型智库、政策型智库、专业型智库和应用型智库。

　　以上四种智库划分标准较为常见，除此之外，另有学者从智库的发展起源、研究领域、规模大小、影响程度等方面划分，进一步明晰了智库的类型。多样化的智库划分标准，有利于帮助社会各界人士从智库的不同侧面，加深对智库的了解。不过，过多的智库划分标准也带了一个问题，即应参照哪一种划分标准去管理智库，实现智库的规范化发展。这个问题成为多个国家智库管理的难题。当然，中国也不例外。为规范中国智库发展，本报告认为有必要选择一个有法可依且智库类型涵盖全面的划分标准，将其作为目前中国智库类型划分的首选，以实现中国智库的合法管理和规范发展。在对比分析目前已有的智库划分标准的基础上，本报告提出应以智库注册部门作为划分标准。因为这种划分标准是以法律规范为依据，以管理实际为参考而设定的，所以，这种划分标准也就更具有合法性和合理性，也更有利于分类规范和优化中国的智库发展。不过，薛澜、朱旭峰的"四分法"还不足以涵盖中国所有的智库类型，比如在公安部门注册的境外非政府智库、在宗教局注册的宗教智库等。此外，"四分法"中的"民非型"智库仅是社会智库中的一类，社会智库中的社会团体智库、基金会智库都没有包含在此分类法中。再者，"党政机关的政策咨询机构不属于智库系列"的这种说法，存在争议。目前多数分类方式，仍将党政机关的政策咨询机构归于智库之中，且属于官方智库的主要代表。综合以上分析，本报告认为应将目前的智库按注册单位的不同分为五类：第一类是指在中央或地方的机构编制委员会办公室注册设立的智库（官方智库和高校智库）；第二类是指在中央或地方的工商行政管理机关注册设立的智库（企业智库）；第三类是指在中央或地方的公安部或公安局注册设立的智库（境外智库）；第四类是指在中央或地方的宗教局注册设立的智库（宗教智库）；第五类是指在中央或地方民政部门注册设立的智库（社会智库）。其中，社会智库是本报告研究的重点，根

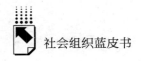

据民政部门的具体注册类型，又可将社会智库划分为三类：社会团体智库、基金会智库、社会服务机构①智库。

四　影响中国智库发展的环境因素

智库既影响和推动着外在环境的改变，同时其自身发展又受制于外在环境。对于中国智库而言，影响其发展的环境因素，可细分为国际环境、社会环境、政治环境、法治环境和地域环境五类。

（一）国际环境

国际环境是影响中国智库发展的重要因素之一。该因素要求中国智库在层次、能力和规模上均需有所提升，以适应中国改革开放后的国际化发展趋势，应对中国在国际化发展趋势中面临的各种挑战，推动中国的国际化发展。

具体而言，在改革开放大环境下，中国在政治、经济、文化等多个方面与世界各国均产生了密切的联系。如何在世界的舞台上顺势而行，探寻出合理的，且具有中国特色的发展出路，成为中国面临的重要议题。中国智库作为重要的战略输出机构，也应参与到议题的讨论中，为议题探寻答案。为此，中国智库必须首先适应国际化的趋势和要求，聚焦国际化议题，具有国际化视野、具备国际化技术，这是对当下中国智库提出的更高要求（杜贵宝，2015）。举例而言，自2015年以来，为探寻国家"一带一路"建设的合理方案，中共中央对外联络部牵头，联合国务院发展研究中心、中国社会科学院、复旦大学等单位共同发起建立了"一带一路"智库合作联盟。该联盟涉及的

---

① 社会服务机构，原称谓为"民办非企业单位"，《中华人民共和国慈善法》颁布后，"民办非企业单位"更改为"社会服务机构"，故本报告"民办非企业单位"与"社会服务机构"混用，在分析部分统称"社会服务机构"。

理事单位多达 55 个，且囊括了国内对"一带一路"有权威研究的大部分智库，能够有效分析"一带一路"建设，并给出可行性方案。这体现了中国智库在适应国际化发展趋势的过程中，对自身研究视野和研究成员等方面的改良。那么，再聚焦于研究技术层面。中国智库通过建立促进人文合作的"一带一路"大数据交流平台，打造了"一带一路"智库合作网络（孙壮志，2017），提高了中国智库研究的技术水平，符合国际化趋势对中国智库提出的技术要求。多个迹象表明，中国智库提出的"一带一路"倡议已经从顶层设计阶段逐步迈向实操阶段，逐渐进入成效显现阶段。未来的中国智库发展，仍需要越来越多的民间和官办智库参与"一带一路"建设研究，协力为中国"一带一路"建设提供智力支持，推动中国"一带一路"建设的实现。

（二）社会环境

智库如同社会的基础设施，是社会构成的有机部分，对于社会发展起着重要作用（刁榴、张青松，2013）。相对地，智库也会受到社会环境的影响，中国智库的建设起步于新中国成立后。当时，国家在大型工程建设、重大政策制定、外交策略等领域迫切需要专业的技术支持，中央各部委陆续建立官方研究机构，这是早期的中国智库。1992 年邓小平南方谈话发表后，随着社会主义市场经济体制改革目标的确立与不断巩固，人们利益观念开始改变，产生了新的社会阶层，新的社会利益群体。随着中国加入 WTO，新的问题（如次贷危机、通货膨胀、油价上涨等问题）、新的情况（国内国外经济形势急转直下、宏观调控政策快速调整等）给政府部门与现有智库带来了严峻挑战，政府智慧和现有智库能力显得力不从心。在这一时期，一大批官方的、半官方的、民间的智库开始涌现。一方面，新阶层、新利益群体都希望能在政府决策中充分体现其利益诉求；另一方面政府

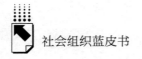

需要充分把握分散的多元的各阶层的利益诉求。而智库尤其是非官方的智库作为政策研究机构，可以充分发挥其中介的积极作用，其研究成果不仅具有较强的专业性、公正性、科学性，而且能够充分结合社会公众意见，为政府决策提供有力参考，受到了政府和公众的普遍信任和支持（程媛媛，2016）。

（三）政治环境

中国智库发展必须立足于中国国情、中国实际。从宏观上看，中国智库需要符合中国的国家性质（人民民主专政）、政治体制（人民代表大会制度）、政党制度（中国共产党领导的多党合作和政治协商制度）的要求。同时，在微观层面上，中国智库应满足中央或地方开展国家建设的需要。

从中国智库的发展历程来看，它最早源于国家重大决策部署的需要，其主要工作内容是为其上级或者关联行政部门提供决策支持。例如，国务院发展研究中心是直属于国务院的政策研究和咨询机构。其职能主要包括研究中国国民经济、社会发展和改革开放中的全局性、战略性、前瞻性、长期性以及热点、难点问题；研究我国对外开放的新情况、新问题；研究对外贸易政策以及利用外资政策；研究世界经济发展的趋势及其经验教训；开展政策评估和政策解读，为政策推行提供相关方案，以此推动着中国政治环境的改善。同样，中国智库的发展离不开中国政治环境的改善，这是智库建设创新的基点（陈里，2013）。由此可将中国智库与其所处政治环境之间的关系概括如下：一方面，中国智库的发展易受到我国政治环境的影响与约束；另一方面智库又是推动我国政治环境改善的重要力量。从这个意义上来讲，政治环境中的政治制度与体制、政府方针政策及态度对智库的研究活动都具有实际与潜在的影响。

（四）法治环境

要真正实现依法治国，法治理念要渗透至国家发展的各个方面，智库发展也不能例外（王辉耀，2016）。由于我国智库发展起步较晚，导致目前与智库建设相关联的国内法规条例数量较少。参照对国外智库的研究，可以发现，国外智库法律规范较为成熟且大多侧重于"扶持"与"服务"，"管理"与"限制"较少。

2015 年 1 月 20 日，中共中央办公厅、国务院办公厅印发了《关于加强中国特色新型智库建设的意见》（以下简称《意见》），该《意见》是针对中国智库发展设立的第一个专门性的党内法规，既体现了中国对智库发展的重视程度之高，又反映了中国在规范智库发展模式、推动中国特色新型智库建设上提出的具体要求，比如其中的"落实公益捐赠制度，鼓励企业、社会组织、个人捐赠资助智库建设"一则，对中国智库在接受社会捐助方面提出了基本要求。中国智库受法治环境影响，应自觉按照法律程序运营和发展。不过，事实上目前中国的法治环境对智库的约束力有限，《意见》的内容多是纲领性和方向性的，条例过于宏观，导致条例内容的判断标准很难落实，其严谨程度有待进一步考究。因此，中国迫切需要基于《意见》中的精神要旨，探索一套有关中国智库运营的系统、具体、严谨的法律法规，以此推动中国智库规范化发展。

（五）地域环境

从 2013 年开始，上海社会科学院智库研究中心每年会推出《中国智库报告——影响力排名与政策建议》。该报告是与美国著名的智库专家麦甘教授合作，同时力邀智库代表、新闻媒体记者、政府雇员等业界同行参与，通过发放调查问卷、引入客观数据评价与用户评价、召开专家论证与研讨会、实地调研等方式，进行多轮评估，分别就中国智库的综合影响力、系统内影响力和专业影响力等进行评价与排名。根据研究报告，我国有影响力的智库集聚在北京、上海等政治和经济中心。在2015、2016年连续两年的报告中，综合影响力排名前10位的智库，北京占到7个，上海有2个，京沪两地占了90%，特别是北京占到70%；2017年更为突出，综合影响力排名前10位的智库全部在北京，比例达100%。如果再放宽一些看，在综合影响力位列前30的智库中，北京依然占到近2/3，上海约1/5，其余也大多在沿海地区。在2017年的数据中，综合影响力位列前40的智库，北京有33个，上海有3个，广东有2个，海南有1个，湖北有1个。这种智库集聚度与政治、经济资源集聚度高度一致的现象，显示了智库发展的一个特点，那就是靠近决策中心，满足客户需求。

参考文献

陈里，2013，《新形势下推动中国特色新型智库建设的思考》，中国智库国际学术研讨会。

程媛媛，2016，《我国智库建设及其对政府决策影响研究》，燕山大学硕士学位论文。

刁榴、张青松，2013，《日本智库的发展现状及问题》，《国外社会科学》第3期。

杜贵宝，2015，《国家级智库的特质与转型期中国智库的建设路径》，《扬州大学学报》（人文社会科学版）第2期。

李凌，2014，《中国智库影响力的实证研究与政策建议》，《社会科学》第4期。

清华大学智库研究中心，2018，《清华大学智库大数据报告（2017）》，清华大学公共管理学院。

上海社会科学院智库研究中心，2018，《2017年中国智库报告——影响力排名与政策建议》，上海社会科学院。

孙蔚，2011，《中国智库的现状及其参与决策研究》，《中州学刊》第2期。

孙壮志，2017，《智库可在"民心相通"中发挥四点作用》，http://www.sohu.com/a/141803127_114731，最后访问时间：2018年7月29日。

王辉耀，2016，《完善法治环境　推动智库发展》，《中国党政干部论坛》第4期。

王辉耀、苗绿，2014，《大国智库》，人民出版社。

薛澜、朱旭峰，2006，《"中国思想库"：涵义、分类与研究展望》，《科学学研究》第3期。

杨尊伟、刘宝存，2014，《美国智库的类型、运行机制和基本特征》，《中国高校科技》第7期。

詹姆斯·G.麦甘，2018，《美国智库与政策建议：学者、咨询顾问与倡导者》，肖宏宇、李楠译，北京大学出版社。

张伟，2017，《新型智库基本问题研究》，中共中央党校出版社。

周仲高，2013，《智库的科学分类与准确定位》，《重庆社会科学》第3期。

B.3
中国社会团体智库发展专题分析

徐家良　林震　张圣　王昱晨*

摘　要： 中国社会团体智库是一类由自然人、法人或其他组织自愿组成，采用会员制结构形式，为实现会员优化公共政策、推动国家发展的共同意愿，开展公共政策研究的非营利性法人。纵向来看，共经历了五个阶段发展过程；横向来看，有三方面发展特点。聚焦于中国社会团体智库运作模式，从"组织建设"和"研究过程"两个维度出发，将中国社会团体智库的运作模式按"组织建设"划分为组织成立模式、目标定位模式、组织结构模式；按"研究过程"划分为研究项目来源模式、研究项目操作模式、研究成果产出模式。同时，对每类模式下的不同运作类型做一辨析。

关键词： 社会团体智库　会员制　咨政建言　运作模式

中国社会团体智库发展专题分析主要包括社会团体智库概念、中国社会团体智库发展概况、中国社会团体智库运作模式三方面内容。

---

* 徐家良，上海交通大学国际与公共事务学院教授、上海交通大学中国公益发展研究院院长、上海交通大学中国城市治理研究院研究员，博士生导师；林震，北京林业大学人文社会科学学院院长、教授，博士生导师；张圣，上海交通大学中国城市治理研究院博士研究生、上海交通大学国际与公共事务学院博士研究生；王昱晨，上海交通大学国际与公共事务学院博士研究生。

一 社会团体智库概念界定

自 1917 年中国最早的学会团体——中华农学会（1951 年更名为"中国农学会"）成立以来，越来越多的社会团体开始正式参与中国公共政策研究，以求通过公共政策研究成果影响中国政府的决策内容和决策行为，间接实现组织目标。鉴于社会团体智库在运作过程中，体现出与其他社会团体不同的运作方式，即运用组织成果影响政府决策，这类社会团体逐渐与一般的兴趣类、行业类、服务类等类型的社会团体相区别，成为一类特殊的社会团体，我们称之为社会团体智库，社会团体智库属于社会智库和社会团体的交集（见图 1），兼具社会团体和社会智库的特点。

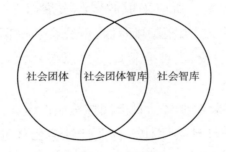

图 1　社会团体、社会团体智库、社会智库关系

目前，学界对于社会团体智库，尚缺乏明确的界定，与之关联性较强的概念有"社科类社会团体"、"学术性社会团体"两种。

其一，社科类社会团体。它是依凭自身的运作目标和方向，与一般社会团体相区分。该类社会团体的运作目标和方向体现在对社会科学理论的丰富和对社会科学政策的改良。具体而言，社科类社会团体是指公民为实现共同意愿自愿组成、依法登记成立、按照章程开展活动的非营利性社会组织，主要从事社会科学理论研究、学术交流、知识普及和决策咨询等（杨清明，2015），具有学术性、普及性、咨询性、群众性、自主性特征，是建设社会主义和谐社会的重要力量，是政府进行社会治理的重要依托，是社会利益表达的重要载体和公共资源配置的新型组织形式。它能发挥凝聚社会科学人才、塑造社会价值观念、创新社会科学理论、组织协调学术资源、传承社会历史文化、创造社会就业岗位等社会功能（顾爱华，2007）。

这一概念与社会团体智库联系最为密切，基本上二者具有共通性。但社会团体智库这一概念范畴远大于社科类社会团体：一方面，社会团体智库针对的公共政策问题并不局限于社会科学领域，也包括了自然科学领域，如中关村产业技术联盟联合会、中国地质矿产经济学会等；另一方面，部分社会团体智库的研究视野已经不再聚焦于国内社会问题，而是着重于研究中国所处的国际政治局势、所面对的国际政治关系、所应采取的国际发展战略等国际政策问题，如中国国际战略学会、中国国际税收研究会和中国国际经济交流中心等。由此可见，社科类社会智库不足以揭示社会团体智库的全部内涵。

其二，学术性社会团体。社会团体按照性质和任务可划分为学术性社会团体、联合性社会团体、行业性社会团体和专业性社会团体（徐家良，2011），其中，学术性社会团体的性质和任务与社会团体智库关联性最强。该类社会团体的学术性决定了其运作过程主要以学术研究为主，并以产出理论报告、咨政建言等为主要研究任务，以此努力繁荣学术文化、推动科学进步、引导政策优化、推动社会发展。具体而言，学术性社会团体是指由专家、学者和科研工作者自愿组成，为促进自然科学、人文社会科学、交叉科学教学研究的深入，普及科学知识，培养人才，促进科学和社会经济的可持续发展，维护自身合法权益而开展活动的非营利性社会组织（徐家良，2011）。学术性社会团体一般参照国家制定的学科分类标准设立，常以学会、协会、研究会命名。该类组织广泛影响着公众参与政治、经济、文化、社会、生态建设等诸多方面的内容（国务院发展研究中心社会发展研究部课题组，2011），并形成了规律性的影响方式。学术性社会团体具有成员广泛性、学术权威性、组织松散性、争鸣民主性、观点包容性等特征，既区别于其他民间团体，如行业协会、商会、基金会等，又不同于其他科学共同体，如论坛、学派、科研院所等（夏东荣，2007）。

社会团体智库与学术性社会团体相比，其性质没有发生变化，依旧具备学术性，但其任务则更加聚焦，即主要以公共政策为研究对象，以优化公共政策内容和执行为目标，发挥咨政建言功能，推动中国公共政策完善。因此，学术性社会团体也无法具体指明何为社会团体智库。

综上所述，我们发现"社科类社会团体"、"学术性社会团体"都无法具体揭示社会团体智库的内涵。可以说，社会团体智库既属于学术性社会团体，又在内涵中包含了社科类社会团体。其主要原因在于三类概念对应的研究范围不同，社会团体智库的研究范围介于"社科类社会团体"与"学术性社会团体"之间。因此，在界定社会团体智库概念时，要注意其研究范围的选择。

综合"社科类社会团体"和"学术性社会团体"的相关概念界定，结合中国农学会、广东省体制改革研究会和中关村产业技术联盟联合会等中国社会团体智库的实际运作状况，我们认为"社会团体智库"是指由自然人、法人或其他组织自愿组成，在民政部门注册，且接受其规划和引导，采用会员制结构形式，为实现会员优化公共政策、推动国家发展的共同意愿，以提升政府公共政策的制定和执行质量为核心，以汇聚专业化的研究人才、研究知识和研究技术为基础，开展一系列公共政策研究和实践，发挥政策咨询、理论创新、社会服务、舆论引导和对外公关等功能，能够在相关领域产生一定的决策影

响力、社会影响力，且获得其他社会主体普遍支持的非营利法人。以上概念反映出六方面的内容。

一是组织性质。社会团体智库形式上属于社会智库，实质上属于社会团体。它依旧是由自然人、法人或其他组织自愿组成，只不过其会员的共同意愿为优化公共政策、推动国家发展，这就区别于一般的社会团体。

二是组织注册。社会团体智库应在县级以上民政部门注册，且接受其规划和引导，以实现社会团体智库的合法性运作，这就排除了免登记或未登记的社会团体智库。这是判断社会团体智库属于社会智库诸多类型之一的根本因素。

三是组织结构。社会团体智库普遍采用会员制结构形式：权力机构为会员大会，决策机构为理事会，执行机构为秘书处和会长办公会，监督机构为监事会，同时，下设办公室、人事部、财务部、项目部、法律部、研究部、发展部和会员部等多个部门，以及其他学术委员会和研究中心。

四是组织人员。社会团体智库中的人才来源多元，多来源于组建社会团体智库的法人、自然人或来自其他组织，融合了高学历背景的知识型人才和具有政府工作背景的实践型人才。人才的会聚使得与公共政策研究相关的知识和技能汇聚在一起，成为社会团体智库开展公共政策研究的基础。

五是组织成果。社会团体智库在产出研究成果时，以会员开展公共政策研究的需求为导向，结合社会现实问题，对公共政策提出有针对性的优化意见，并通过研究报告、研究论文等书面成果或学术论坛、政策研讨会等形式，推动政府对公共政策的改良，达到社会团体智库的咨政建言效果。如中国城市科学研究会根据会员在公共政策研究方面的诉求，开展了一系列研究，并产出了多样的研究成果：以《生态城市指标体系构建与生态城市示范评价》、《中关村国家自主创新示范区重大项目并联审议审批工作机制研究》和《中加合作将木结构纳入绿色建筑评价的战略研究》等为代表的研究报告；以"2017（第十二届）城市发展与规划大会"、"第十一届中国城镇水务发展国际研讨会与新技术设备博览会"和"第十七届海峡两岸城市发展研讨会"等为代表的研究会议；以《城市发展研究》、《城建档案》和《低碳生态城市》为代表的研究刊物等。①

六是组织功能。社会团体智库会通过组织内会员力量，发挥包括政策咨询、理论创新、社会服务、舆论引导和对外公关等在内的多重功能，具有一定的决策影响力、社会影响力，赢得了社会的认可和支持。同时，部分社会团体智库还不断通过寻求与其他社会主体合作的方式，进一步提升公共政策研究成果的质量和影响力，且获得了更大范围的社会认可和支持，如中国城市规划学会根据 2017 中国城市规划年会各专家报告及讨论成果形成了一系列政策建议，以供政府参考，并在日常工作环节，为政府规划提供方案咨询，充分发挥其政策咨询功能；创办了《城市规划》和 China City Planning Review（《城市规划》英文版），并出版《凤凰品城市》、《人类居住》和《城市交通》等刊物，利用这些刊物实现其推动理论创新的功能以及引导舆论的功能；举办了"杭州艮山门动车运用所上盖空间城市设计暨概念规划专家评审会"、"杭州西站枢纽地区（仓前科创新城）核心区城市设计暨概念规划方案专家评审会"等一系列会议，发挥其社会服务功能；此外，中国城市规划学会和意大利规划学会（INU）在马来西亚吉隆坡会议中心联合举办了一场培训活动，主题是"设计拯救地球——人性化的公共空间推动可持续城镇化"（Saving the Planet by Design：Making Urbanization Sustainable by Creating Humane

---

① 中国城市科学研究会官网，http：//www. chinasus. org/chinasus/，最后访问时间：2018 年 9 月 10 日。

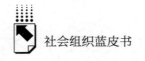

Urban Space)，① 为世界各国的城市规划提供了一系列有影响力的公共政策建议。

二 中国社会团体智库发展概况

我国社会团体智库发展历史悠久，影响深远。它伴随了我国自半殖民地半封建社会时期向社会主义发展新时期的政治演进过程，参与了其中的许多公共政策改良，自始至终均是优化我国政策内容和政策执行的重要参与主体之一。发展至今日，中国社会团体智库呈现规模化、规范化、多元化趋势，其建言献策的质量和效果也越发提升和明显。那么，具体而言，中国社会智库究竟经历了哪些发展阶段，且在当下社会中体现出何种发展状况？可从"社会团体智库的发展历程"和"社会团体智库的发展规模"两方面去解答。

（一）社会团体智库的发展历程

纵向观察社会团体智库的发展历程，可将其总结为五个时期，即社会团体智库的孕育期、曲折成长期、成熟期、发展期、创新期。

社会团体智库的孕育期，最早可追溯到"五四"时期。"五四"时期，伴随着科学救国的意愿，民间涌现出许多社会团体智库的雏形，如觉悟社、改造社、共进社等（国务院发展研究中心社会发展研究部课题组，2011）它们带动有志青年走向革命的道路，以实现民族复兴和国家富强。

社会团体智库的曲折成长期，是以中华人民共和国的成立为开

---

① 中国城市规划学会官网，http：//www. planning. org. cn/solicity/，最后访问时间：2018 年 9 月 10 日。

端，直至改革开放政策的提出。1949 年 11 月，许多完成历史使命的社会团体智库开始退出历史舞台，相对的，具有推动中国公共政策完善的社会团体智库开始兴起和发展。中国农学会、中国城市规划学会等均为这一时期的代表组织。1966～1976 年"文化大革命"期间，中国的社会团体智库发展基本处于停滞状况。1978 年 12 月十一届三中全会后，随着中国各项事业发展逐步走向正轨，社会团体智库也得以继续发展。1978 年后，涌现出一批新兴社会团体智库，如中国未来研究会、中国国际经济合作学会、中国基本建设优化研究会、中国城市发展研究会等。

社会团体智库的成熟期，起始于邓小平 1992 年的南方谈话。随着市场经济的不断发展，以及我国领导人的极力推动，我国民间社会发展空间逐步打开，社会团体智库急剧增加，且日益呈现研究领域多样化、组织构成多样化、活动方式多样化、地域分布多样化等特点，覆盖到中国各领域公共政策，如中国建设劳动学会、中国软科学研究会、中国国际战略学会和中国西部研究与发展促进会等。

社会团体智库的发展期，应是 2004 年中共中央发出《关于进一步繁荣发展哲学社会科学的意见》至 2012 年党的十八大召开这一时期。在《关于进一步繁荣发展哲学社会科学的意见》发布后，党政机关对社会团体智库的重视程度明显提升，更倾向于将社会团体智库纳入政府决策的重要参与成员，使社会团体智库成为政府决策智囊。同时，党政机关注重调动哲学社会科学工作者积极性、主动性和创造性，使之充分发挥自身的研究能力，推动中国公共政策内容和执行方式的优化。这一时期，又涌现出中国就业促进会、中国价格协会、中国国际经济交流中心等一大批社会团体智库。

社会团体智库的创新期，应为 2012 年党的十八大召开至今。2012 年党的十八大强调了"科学决策、民主决策、依法决策，健全决策机制和程序"的重要性，并提出在这些领域中"发挥思想库作用"的主张。这意味着，社会团体智库参与公共政策的制定和执行，已经上升为国家发展战略的高度。之后，2015 年中共中央办公厅、国务院办公厅印发《关于加强中国特色新型智库建设的意见》，2017 年民政部、中宣部、中组部等 9 部门联合印发《关于社会智库健康发展的若干意见》，进一步推动了社会团体智库的发展，并提出了引导社会团体智库健康发展、创新发展的新目标。社会团体智库积极响应政府号召，努力创新自身发展模式，有许多创新之举。如中国城市规划学会就有很多创新活动：理论创新方面，就城市规划问题开展国际国内学术活动，推广先进技术；技术创新方面，开展注册规划师继续教育，培养城市规划专业人才；活动创新方面，开展对城市规划先进工作者的表彰活动，提升城市规划工作者的积极性；等等。

（二）社会团体智库的发展规模

中国社会团体智库现已成为优化政府决策的重要社会力量之一。但至今少有对社会团体智库的统计。谢曙光、蔡继辉主编的《中国智库名录（2015）》明确指出并系统统计了社会团体智库名录。根据本书对社会团体智库的界定，去除免登记或未登记的社会团体智库，以及部分现已注册为事业单位或社会服务机构的组织后，名录中包含了 63 个社会团体智库，以此为例，本书对社会团体智库的影响范围、地域分布、研究领域作一深入分析。

第一，从影响范围来看，63 个社会团体智库，均为全国性社会团体智库。由于《中国智库名录（2015）》属于不完全统计，如广东省体制改革研究会、中关村产业技术联盟联合会、重庆市老科学技术工作者协会、四川省老科学技术工作者协会等地方性社会团体智库，并未统计在内，因此并非发挥咨政建言的社会团体智库均为全国性社会团体智库。但数量可观的全国性社会团体智库，与数量较少的地方性社会团体智库形成鲜明对比，从侧面反映了全国性社会团体智库在我国公共政策研究中占据的主要位置。这根源于全国性社会团体智库的组织优越性，即对社会各类会员的吸纳能力较强、组织发展的规模较大、组织科研技术和科研能力较强、产出的研究成果较多且形式多样等，这些组织优越性是地方性社会团体智库难以赶超的。

第二，从地域分布来看，63个社会团体智库的注册地多在北京市。从《中国智库名录（2015）》反映的情况来看，注册在北京市的社会团体智库最多，其次是广东，后者仅含有1个社会团体智库，即中国城市竞争力研究会。这说明北京市——中国的政治中心城市对于公共政策研究的需求较大，因而积极鼓励和支持社会团体智库的成长和发展，并为社会团体智库参政议政提供渠道。其他城市在发展过程中，给予社会团体智库发展的空间有限，这使得社会团体智库并未在其他城市发展壮大。

第三，从研究领域来看，63个社会团体智库中，开展单一领域，尤其是单一领域中的经济领域研究的社会团体智库占比居多。以社会团体智库研究领域是否具有唯一性作为划分依据，可将其分为单一研究领域社会团体智库（研究领域具有唯一性）和多元研究领域社会团体智库（研究领域具有多元性），开展单一研究领域的社会团体智库占总量的65.1%，相比之下，开展多元研究领域的社会团体智库仅占总量的34.9%（谢曙光、蔡继辉，2015），说明目前单一研究领域的社会团体智库仍占主要比例，多元研究领域的社会团体智库则相对较少。

从社会团体智库的运作实际出发，单一研究领域社会团体智库之所以较多，与社会团体这一组织类型的特殊性有关。由于社会团体智库多由自然人、法人或其他组织自愿组成，这些组织成员往往在研究领域和研究兴趣上具有趋同性，由其组建的社会团体智库也往往会选择会员集中关注的研究领域去开展对应的公共政策研究，因此呈现单一研究领域的特征。相比之下，多元研究领域的社会团体智库，其会员构成也较为多元，组织规模较为庞大，这样的组织往往会设立各个分研究委员会或研究中心开展专项研究。

　　进而，聚焦于单一研究领域的社会团体智库，可从研究门类的角度，对其进行对比分析。具体可以划分为政治类社会团体智库，如中国区域科学协会、中国未来研究会等；经济类社会团体智库，如中国工商行政管理学会、中国经济体制改革研究会等；文化类社会团体智库，如中国学前教育研究会、中国国际人才交流与开发研究会等；社会类社会团体智库，如中国社会保障学会、中国建设劳动学会；生态类社会团体智库，如中国环境科学学会、中国林学会等。其中，经济类社会团体智库、政治类社会团体智库、社会类社会团体智库排在其他门类社会团体智库之前（见图2），说明目前中国的公共政策研究

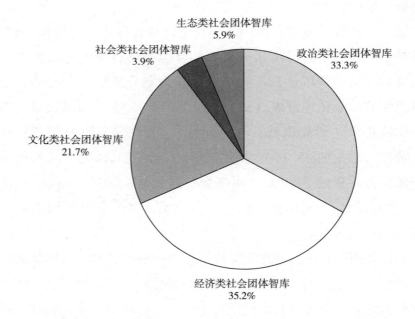

图2　41个单一研究领域社会团体智库的分布情况

资料来源：谢曙光、蔡继辉，2015。

焦点主要集中在经济、政治和社会领域，其中对于经济领域公共政策研究的热度尤为高涨，这符合当下我国公共政策的改革趋势，即公共政策改革主要集中于经济、政治、社会领域。由此，政府也需要社会团体智库提供与这些领域公共政策内容和执行相关的意见和建议，以优化政策决策，推动社会发展。

三 中国社会团体智库运作模式

中国社会团体智库在实际运作过程中，会根据社会团体的组建方式和开展公共政策研究的具体需求选择其运作方式。由此，可从"组织建设"、"研究过程"两个维度出发，详细划分社会团体智库的运作模式（见表1）。一方面，从社会团体智库的组织建设维度，可将中国社会团体智库的运作模式分为组织成立模式、目标定位模式、组织结构模式；另一方面，从社会团体智库的研究过程维度，可将社会团体智库的运作模式分为研究项目来源模式、研究项目操作模式、研究成果产出模式。在此基础上，对每种模式中的具体类型做一辨析。

表1 社会团体智库运作模式一览

分析维度	模式名称	具体类型
组织建设	组织成立模式	政党发起型模式
		社会发起型模式
	目标定位模式	政策导向型模式
		半政策导向型模式
	组织结构模式	一般性结构模式
		扁平化结构模式

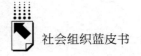

续表

分析维度	模式名称	具体类型
研究过程	研究项目来源模式	承接研究型模式
		自主研究型模式
	研究项目操作模式	独立研究型模式
		合作研究型模式
	研究成果产出模式	科研产出型模式
		实践产出型模式

（一）中国社会团体智库的组建方式

中国社会团体智库的组织建设可细分为组织成立模式、目标定位模式和组织结构模式三类。

第一，从组织成立模式来看，可分为政党发起型模式和社会发起型模式。

政党发起型模式主要是指社会团体智库是在党政机关的倡导下组建的，多具有一定的政府背景，主要围绕党政机关的建设目标开展对应的公共政策研究，如全国党的建设研究会（简称"全国党建研究会"）就是由中央纪委、中央组织部、中央宣传部等单位发起成立的社会团体智库。其在研究过程中，主要围绕中国党建领域的诸多问题开展研究，比如"如何宣传和贯彻中共中央关于加强党的建设的重大决策和要求"、"如何提升党建质量"和"如何传递广大党员和人民群众的心声"等，[1] 产生的相对应研究成果，会成为中央党政机关在党建方面的决策参考，以此实现了全国党建研究会的咨政建言功能。

---

[1] 党建研究网"全国党建研究会"专栏，http://www.djyj.cn/n1/2016/1130/c408311-28913029.html，最后访问时间：2018年9月12日。

社会发起型模式主要是指社会团体智库是由社会力量推动组建的，"草根"色彩明显，主要围绕社会发展需求，开展对应的公共政策研究，如成都市老科学技术工作者协会是由成都地区老科技工作者及其组织自愿联合组成，依法登记成立的综合性、地方性、非营利性的社会团体智库，是成都市科学技术协会的组成部分，关注于成都市各类型社会发展问题，秉承科学发展理念，努力构建和谐社会。协会至今已向政府提交了《四川灾后重建中值得注意问题的对策建议》、《关于当前四川省农机购置补贴的调查报告》和《金融服务"三农"还需迈大步》等多个政策建议报告，发明了以农田、园林浇水专用车为代表的23项科技专利，参与主办首届成都社区健康文化主题活动，并在2018年6月，获评四川省老科协奖科普宣传先进集体。①

第二，从目标定位模式来看，可分为政策导向型模式和半政策导向型模式。

采取政策导向型模式的社会团体智库，其主要目标就是以优化公共政策为目标，推动政府决策的改良，如重庆市老科学技术工作者协会在开展研究活动时，就始终以优化重庆市的公共政策为目标。具体而言，该协会主要围绕党和政府的中心工作，针对社会领域中的重点、难点、热点问题，在充分调研的基础上，向重庆市政府建言献策，提交了《关于发展民办高等教育的研究》、《关于加快林业建设保护三峡库区生态安全的建议》和《净化和畅通生源渠道是进一步促进我市民办职业教育的当务之急》等政策建议报告，以此促进政府的决策内容和决策方式改良（重庆市老科学技术工作者协会，2014）。

采取半政策导向型模式的社会团体智库，其主要目标除了要优化公共政策，还会采取其他方式直接改变其关注领域的发展现状，使其

---

① 成都市老科学技术工作者协会官网，http://www.cdlkx.com/，最后访问时间：2018年9月12日。

逐渐趋于完善，如北京健康城市建设促进会（简称"健促会"）。2011~2017年，健促会针对健康城市建设，共完成70多项决策研究课题，其中2项研究受世界卫生组织驻华代表处委托开展，1项研究成果获全国爱国卫生运动委员会办公室高度肯定并转化为全国健康城市指标体系制定的重要参考，20项课题研究先后获北京市委、市政府领导重要批示。此外，健促会与中国医药卫生事业发展基金会、全国爱国卫生运动委员会办公室、北京市健康促进工作委员会等单位合作，共组织参与了100多项健康城市促进活动，还通过《北京健康城市》会刊、健康城市蓝皮书以及各类媒体，积极宣传健康城市理念[1]，以多元方式推动城市健康发展。

第三，从组织结构模式来看，可分为一般性结构模式和扁平化结构模式。

所谓一般性结构模式，指的是社会团体智库普遍采用的，具有层级划分的组织结构模式。采取该模式的社会团体智库，组织内部有着严格的职能分工，形成了各个职能单元，在开展公共政策研究中，职能单元分工协作，效率较高，如中国经济体制改革研究会。如图3所示，在该研究会中，会员代表大会是最高权力机构，负责组织大小事务的决策；理事会是会员代表大会的执行机构，在会员代表大会闭会期间领导本团体开展日常工作，对会员代表大会负责；会长是法定代表人，负责召集和主持会员代表大会、理事会和常务理事会，及检查会员代表大会、理事会和常务理事会决议的落实情况；秘书长负责研究会的各种事务性工作；其他各部门和各中心各司其职，负责相关的组织行政事务和研究工作。

所谓扁平化结构模式，指的是部分社会团体智库采用的、能够促进组织内部门间讨论和充分合作的组织结构模式，是一般性结构模式

---

① 《北京健康城市建设促进会工作报告》，发布时间：2018年8月17日。

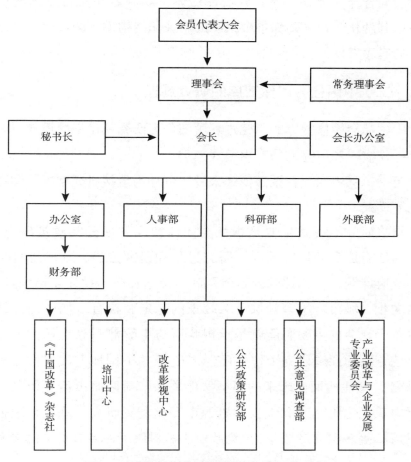

图3　中国经济体制改革研究会组织结构

资料来源：中国经济体制改革研究会官网"我会介绍"专栏，http：//www. cser. org. cn/about/1. aspx，最后访问时间：2018 年 9 月 10 日。

的完善和改良。采用扁平化结构模式的社会团体智库，会强调部门间的合作意识和协作状况，如中关村产业技术联盟联合会为实现高效化运作，除了特别专业的项目如全国双创周等活动，其他项目多是中关村产业技术联盟联合会各部门成员一起开会研讨，合作完成组织任务。总部 10~20 多人统筹兼顾各类项目运作和平台搭建，进一步推

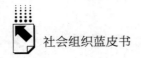

动部门间合作，此外，建立联盟评估体系和制定相关管理制度和规范，以制度化运作来确保整个组织的扁平化结构模式的实现，并推动组织的有序发展。

（二）中国社会团体智库的研究过程

中国社会团体智库的研究过程可细分为研究项目来源模式、研究项目操作模式和研究成果产出模式三类。

第一，从组织项目来源模式来看，可分为承接研究型模式和自主研究型模式。

承接研究型模式主要是指社会团体智库开展公共政策研究时，组织内所有成员的研究动因、研究过程和研究成果，都围绕自身承接的政府课题，具体课题内容涉及政府部门在政治秩序、市场经济、社会文化、城市环境等领域公共政策的制定和执行，如中国经济体制改革研究会的主要职能就是承担政府与主管部门等委托的经济体制改革方面的课题研究工作，已经产出了《中国地方政府性债务问题研究》、《建构面向未来的新型伙伴关系：新区城市治理体系和治理能力现代化研究》和《要素资源市场化配置研究：基于金融要素的视角》等多项课题成果，[①] 为政府决策提供了许多有价值的参考意见。

自主研究型模式主要是社会团体智库自主开展有关政治秩序、市场经济、社会文化、城市环境等领域的公共政策研究，组织内所有成员产出的研究成果，均会提交有关政府部门，实现组织的咨政建言功能，如中关村产业技术联盟联合会。该联合会会根据组织内成员要求，在科技创新方面自主开展一系列公共政策研究，并对政府提出相

---

① 中国经济体制改革研究会官网"科研成果"专栏，http://www.cser.org.cn/scientific.aspx，最后访问时间：2018年9月10日。

关建议，比如建议政府积极推动社会组织发展，从而实现自身职能转变的《社会组织在转变政府职能方面的研究》；建议政府完善科技中介服务的《科技中介服务体系政策研究》等。

第二，从研究项目操作模式来看，可分为独立研究型模式和合作研究型模式。

采用独立研究型模式的社会团体智库，主要是以组织内各研究部门为核心主体，依凭自身力量开展相关研究，独立产出研究成果的运作模式，如中国行政体制改革研究会就是依凭组织自身的研究人员，产出了《深入推进"放管服"改革，全面加强法治政府建设——第六届中国行政改革论坛观点综述》、《充分发挥智库作用，助力实现"中国梦"——"中国梦与智库建设暨魏礼群新著〈建设智库之路〉"研讨会观点综述》和《深化行政体制改革，推进政府治理现代化——"第五届中国行政改革论坛"观点综述》等政策咨询成果，《中国改革与发展热点问题研究（2017）》、《序言集》和《改革论集》等研究专著，[①] 以及各类学术论文，对政府相关公共政策改良产生了一定的推动效果。

采用合作研究型模式的社会团体智库，主要是在公共政策研究过程中，与组织外的其他社会主体产生合作关系，共同研究公共政策问题，提出可行性的公共政策规划方案或产出有价值的公共政策研究成果，如中国西部研究与发展促进会就与多伦县人民政府联合举办了内蒙古多伦县生态文明建设工作汇报交流会，会上该促进会的专家学者与多伦县人民政府的工作人员集中商讨了多伦县生态文明建设的经验和成效、区域发展战略的定位和方向，形成了很多可行性较强的政策规划，并就双方形成长期的"精准调研、助力发展"合作模式，签

---

① 中国行政体制改革研究会官网"科研咨询"专栏，http：//carf. org. cn/list. html？ ty = news&cla = gjjl，最后访问时间：2018 年 9 月 11 日。

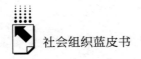

署了战略合作协议。①

第三，从研究成果产出模式来看，可以分为科研产出型模式、实践产出型模式。

科研产出型模式是指社会团体智库围绕组织目标，以开展科学研究的方式产出公共政策研究成果，这是许多社会团体智库普遍采用的运作方式，如中国城市规划学会。中国城市规划学会成立60年以来，始终围绕城市规划学科建设和发展这一中心主题，开展了大量科研工作，在推动学科建设、促进学科繁荣、提升学科影响等方面取得了一系列丰硕成果，其主要成果形式为政策建议，如《推动我国区域创新、协同发展的相关建议》、《特大城市地区如何引领实现百年目标》和《生态文明，国家自信，应注重天人和谐》等，② 为政府决策优化提供了丰富的参考意见。

实践产出型模式是指社会团体智库围绕组织目标，除了开展科学研究，还通过其他公益活动形式，间接对政府公共政策产生影响，以优化公共政策的运作模式，如中国国际经济合作学会除了专门从事与国际经济相关的理论和政策研究，参与策划和制定国际经济合作战略，还积极为政府部门和从事国际经济合作事业的企业、科研机构、高等院校等提供相关的咨询服务和人才培训，③ 以提升中国在国际经济合作方面的能力和效果。

① 《内蒙古多伦县生态文明建设工作汇报交流会成功召开》，中国西部研究与发展促进会网站，http：//www. chinawestern. org/Newsread. asp？NewsID = 6284，最后访问时间：2018年9月11日。
② 中国城市规划学会官网"学会动态"专栏，http：//www. planning. org. cn/solicity/newslist？cid = 1，最后访问时间：2018年9月17日。
③ 中国国际经济合作学会官网"学会简介"专栏，http：//cafiec. mofcom. gov. cn/article/jingmaoxinxi/201306/20130600179167. shtml，最后访问时间：2018年9月15日。

参考文献

重庆市老科学技术工作者协会，2014，《老专家建议文集汇编》（第一卷）。

顾爱华，2007，《学类社团的内涵、特征与功能》，《中国行政管理》第 11 期。

国务院发展研究中心社会发展研究部课题组，2011，《社会组织建设：现实、挑战与前景》，中国发展出版社。

夏东荣，2007，《作为科学共同体的社会团体——学会》，《学会》第 4 期。

谢曙光、蔡继辉主编，2015，《中国智库名录（2015）》，社会科学文献出版社。

徐家良，2011，《社会团体导论》，中国社会出版社。

杨清明，2015，《我国社科类社会团体发展的制度探析》，《重庆社会科学》第 5 期。

B.4
中国基金会智库发展专题分析

徐家良　张圣　苑莉莉*

摘　要： 中国基金会智库是中国社会智库的一种具体组织类型，它通过合理使用其募集的组织资金，产出公共政策研究成果，实现其咨政建言功能。目前，该类组织发展迅速，初具规模，并在宏观与微观层面，表现出组织发展的特点。最后，对中国基金会智库的运作模式做一总结，即从基金会智库的"资金管理"和"研究过程"两个维度出发，将中国基金会智库资金管理的运作模式概括为资金募集模式、资金来源模式、资金使用模式；将中国基金会智库研究过程的运作模式概括为研究项目来源模式、研究项目操作模式、研究成果产出模式。同时，对每种模式下的具体类型做一区分，以期具体展现中国基金会智库的发展全貌。

关键词： 基金会智库　资金管理　咨政建言　运作模式

---

* 徐家良，上海交通大学国际与公共事务学院教授、上海交通大学中国公益发展研究院院长、上海交通大学中国城市治理研究院研究员，博士生导师；张圣，上海交通大学中国城市治理研究院博士研究生、上海交通大学国际与公共事务学院博士研究生；苑莉莉，上海社会科学院社会学研究所助理研究员、上海交通大学国际与公共事务学院博士后。

中国基金会智库发展专题分析分为三部分，即基金会智库概念、中国基金会智库发展概况、中国基金会智库运作模式。

一 基金会智库概念界定

在具体介绍中国基金会智库的发展概况及其运作模式前，需要对基金会智库的概念做一界定。这是因为，现今以"基金会"命名，且发挥着咨政建言功能的组织多种多样。但未必所有以"基金会"命名的组织都是社会组织，进而，未必所有发挥咨政建言功能的"基金会"都属于本报告所指称的基金会智库。

按照《基金会管理条例》对基金会的界定，基金会应指"利用自然人、法人或者其他组织捐赠的财产，以从事公益事业为目的，按照本条例的规定成立的非营利性法人"。目前在中国，还有一类以"基金会"命名的组织，它们本质上不属于社会组织，且不受《基金会管理条例》的规制，比如国家自然科学基金会。国家自然科学基金会属于事业单位，接受《国家自然科学基金条例》的规制，基金会资金来源于政府的财政拨款，基金会人员具有国家公务员编制，基金会的日常工作均由政府决定，且接受社会监督，基金会的领导也由政府任命（国务院发展研究中心社会发展研究部课题组，2011）。虽然，国家自然科学基金会在推动公共政策改良优化方面，做出了大量贡献，发挥了重要的建言献策功能，但鉴于其组织性质上不属于社会组织，因而也更无法归于社会智库。所以，这一类基金会不属于本报告所讨论的基金会智库范畴之内。那么，基金会智库究竟指什么？

基金会智库是注重于资助实现或自主开展咨政建言的一类特殊基金会，亦属于社会智库的一种（见图1）。直至今日，无论学界还是实务界，均没有给出明确的基金会智库概念，因而难以将基金会智库与一般意义上的社会智库，乃至智库相区分。

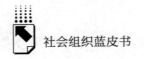
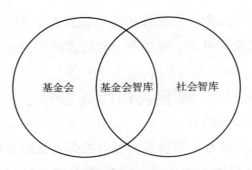

图1　基金会、基金会智库、社会智库关系

本报告以国内外基金会智库案例为参照，基于其发展过程的具体表现，从组织性质、组织目标、组织注册、组织资金、组织人员、组织结构、组织成果、组织功能出发，进行对比，以此总结和提炼基金会智库的内涵及其范围。鉴于美国基金会智库发展较为成熟，所以，国外基金会智库选择范围定于美国，具体为卡内基和平基金会、新美国基金会。同时，在国内也选择了两个基金会智库进行对比，即中国光华科技基金会、海南改革发展研究基金会。

通过对比可以看出以下八个方面的特点：第一，四个基金会智库的组织性质均为基金会；第二，四个基金会智库的组织目标均以完善公共政策为目标；第三，组织注册主要对比了国内基金会智库情况，且中国的两个基金会智库均为民政部门注册；第四，四个基金会智库的组织资金来源多元，基本上包括了自然人、法人或者其他组织的捐赠；第五，组织人员以公共政策的专业研究者居多，但中国人权发展基金会，还包括了政府人员、企业人员、社会组织人员等具有其他身份特征的人员，说明基金会智库在选择人员上，关注人员的专业水平，而非个人的职业背景；第六，组织结构上，国外偏向于采用董事会结构，国内基金会智库偏向于使用理事会结构；第七，组织成果上，卡内基和平基金会、海南改革发展研究基金会两个基金会智库采取了资金资助的模式，间接产出组织成果；新美国基金会、中国人权发展基金会则采取了资金运作的模式，直接产出了组织成果；第八，组织功能上，四个基金会智库具有共通性，都是通过影响或推进公共政策改良实现组织的发展目标，如卡内基和平基金会影响国际政策导向、全球社会舆论，并通过政策建议形式参与联合国政策制定，以期引导全球化健康发展；新美国基金会对美国的政策制定和政策表达产生了较大影响，也推动了政策研究理论的创新；中国人权发展基金会在推动中国人权政策改良、人权观念完善、人权保障服务等诸多方面发挥了重要作用，且在提升中国人权保护的国际形象方面，做出了很大的努力，并取得了相应成效；海南改革发展研究基金会在推动海南，乃至全国的公共政策改良研究方面发挥了重要作用。具体内容参见表1。

表1　国内外基金会智库案例对比

对比项目 组织名称	卡内基和平 基金会	新美国 基金会	中国人权发展 基金会	海南改革发展 研究基金会
组织国别	美国		中国	
组织性质	基金会	基金会	基金会	基金会
组织注册			民政部	海南省民政厅
组织目标	增进国家间合作和推动联合国参与水平	将新的政策声音和政策思想带入国家的话语体系之中	发展和完善中国人权事业，增进与世界各国人民在人权问题上的相互理解与合作，共同推进世界人权进步事业	立足海南、面向全国、走向世界。通过开展各种富有成效的资助活动，支持海南和全国的改革发展研究、培训、研讨及其他公益事业
组织资金	启动资金来自个人捐赠（安德鲁·卡内基的1000万美元捐赠），目前捐赠者已扩展到国内外的政府机构、基金会、企业和个人	主要来源于其他基金会和个人捐款	主要来源于企业和个人捐款	主要来源于其他基金会和个人捐款

续表

对比项目 组织名称	卡内基和平 基金会	新美国 基金会	中国人权发展 基金会	海南改革发展 研究基金会
组织人员	选择了专业领域的先进人才，充分汇聚了全球化发展所需的知识和技术	65名雇员中，有50名为常驻学者和研究员，且这些人员均为新美国基金会学术顾问组成的委员会任命的，拥有较高的知识储备和技术水平	理事会19人，监事会成员1人，人员构成有以崔玉英为代表的政府人员、以修涞贵为代表的企业人员、以黄进为代表的高校人员、以梁稳为代表的社会组织人员等，成员来源多样，且均为人权研究的相关人才，在人权研究方面的知识和技术较完善	理事会成员9人，监事会成员3人，主要为中国（海南）改革发展研究院的研究人员
组织结构	董事会结构	董事会结构	理事会结构	理事会结构
组织成果	采取举办圆桌会议、报告会、研讨会，或撰写文章、专著、参考资料、评论、报告等形式，通过线上、线下的传播平台，将研究成果转化为具有影响性的政策建议	基金会采用风险投资形式，资助拥有超越常规政治思维的杰出个人产出和扩大其政治思想，或者直接资助一系列具有优秀政治思想的研究项目、研究刊物、研究会议和活动	基金会积极举办了两届世界大型基金会高峰论坛、十二届中德人权研讨会、五届中美司法与人权研讨会、十三届东亚历史认知与和平论坛等国际会议，与30多个国家的人权组织开展了对话交流，编辑并资助出版了《中国人权文库》《人权知识读本丛书》等20多种图书，设立了"书香中国基金"、"和谐家庭专项基金"、"涉诉未成年人救助基金"、"中华英雄儿女文化发展基金"等一批具有鲜明特色的专项基金和品牌公益项目	海南改革发展研究基金会严格按照章程运行，在资金筹集、项目管理、资产管理、团队建设等方面日趋完善。设立至今，共资助公益事业项目250多个，包括改革发展政策研究课题、改革发展学术研讨和改革发展领域的专题培训、贫困地区的教育文化公益活动等项目

续表

对比项目 组织名称	卡内基和平 基金会	新美国 基金会	中国人权发展 基金会	海南改革发展 研究基金会
组织功能	影响国际政策导向、全球社会舆论，并通过政策建议形式参与联合国政策制定，以期引导全球化健康发展	对美国的政策制定和政策表达产生较大影响，也推动了政策研究理论的创新	在推动中国人权政策改良、人权观念完善、人权保障服务等诸多方面发挥了重要作用，且在提升中国人权保护的国际形象方面做出了很大的努力，并取得了相应成效	推动海南，乃至全国的公共政策改良研究方面发挥了重要作用

资料来源：麦甘恩、萨巴蒂尼，2015；麦甘，2018；中国人权发展基金会官网，http://www.renquanjjh.com/，最后访问时间：2018年9月2日；海南改革发展研究基金会官网，http://www.cird.org.cn/jjh/，最后访问时间：2018年9月3日。

综合国内外基金会智库在组织性质、组织注册、组织目标、组织资金、组织人员、组织机构、组织成果、组织功能方面表现出的异同点，同时，再结合中国其他基金会智库，比如中国经济改革研究基金会、中国发展研究基金会、中国国际战略研究基金会等的运作现状，将中国基金会智库共性特征进一步提炼和总结，提出对中国基金会智库概念的界定，即基金会智库是在民政部门注册，并受其规划和引导，利用自然人、法人或者其他组织捐赠的财产，以提升政府公共政策的制定和执行质量为核心，以汇聚专业化的研究人才、研究知识、研究技术为基础，内部设立理事会和监事会，分别负责决策和监督，采取资助有关于公共政策研究的组织（或个人）、活动、成果等，或自主开展一系列公共政策研究、实践的两类方法，发挥政策咨询、理论创新、社会服务、舆论引导、对外公关等功能的非营利法人。基金会智库反映出八方面的内容。

一是组织性质。基金会智库在形式上虽属于社会智库的一类，但

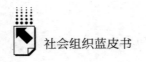

实质上仍归属于基金会，这意味着基金会智库与传统基金会无异，只是在具体的组织功能上有所区分，它也要遵循基金会管理相关的法律法规，且要接受来源于组织内部或组织外部人员对组织财务管理和事务运作方面的监督。

二是组织注册。无论全国性基金会智库，还是地方性基金会智库，都是在县级以上民政部门注册，接受民政部门的规划和引导，以实现基金会智库的合法性运作。

三是组织目标。基金会智库将完善公共政策视为组织目标。组织目标体现出基金会智库在咨政建言上的具体导向，即提升政府公共政策的制定和执行质量，这既是基金会智库的目标，也是其组织行为的原则和出发点。这决定了基金会智库与一般智库的区别。

四是组织资金。基金会智库的组织资金来源于自然人、法人或者其他组织捐赠的财产。这既体现出基金会智库资金来源主体的多元化，即包含了自然人、法人或者其他组织，也说明了基金会智库资金来源渠道的单一性，即通过捐赠的方式获取。

五是组织人员。人才、知识和技术是基金会智库在公共政策研究方面的必备条件，其中，人才实力是基金会智库的发展基础，人才实力强大与否决定了知识储量充足程度和技术支持完备程度，且直接影响到公共政策研究成果的数量、质量和政策转化效果。

六是组织结构。我国基金会智库的治理结构为理事会结构，具体为理事会决策、监事会监督的方式，以保证基金会智库有序完成组织成果和实现组织目标。

七是组织成果。基金会智库是在资助或自主开展公共政策研究的过程中，产出研究成果。总体来看，基金会智库产出研究成果的方式，主要分为通过资助方式产出公共政策研究成果的资金资助型模式和自主运用资金开展一系列公共政策研究、实践，从而产出公共政策研究成果的资金运作型模式两类，在本报告第三部分，即"中国基金会智库运作模式"中，将做详细区分。

八是组织功能。由于目前基金会智库尚缺乏评定标准，仅以基金会是否发挥咨政建言功能，判断基金会是否属于基金会智库，这属于广义上理解何为基金会智库的方式。因为它不排斥基金会智库具备除咨政建言外的其他功能。狭义的基金会智库，则指称仅具备开展公共政策研究功能的基金会。本报告选择从广义的基金会智库出发，判定基金会智库的基本概念，因而基金会智库的功能呈现多样性特征，形成较广范围的社会影响力。

二 中国基金会智库发展概况

中国基金会智库的建设与发展，主要顺应了两大宏观政策背景。

一是基金会的整体发展状况。1982 年中国宋庆龄基金会的成立，预示着我国第一家基金会诞生。随后，中国其他类型的基金会陆续成立。为规范中国基金会发展，1988 年 9 月国务院出台《基金会管理办法》，成为我国最早的基金会管理法规。1989 年 3 月中国扶贫基金会成立。该组织关注中国贫困问题，参与了中国扶贫政策的改良和优化，发挥了一定的智库功能，基金会智库的"样貌"初见端倪。1989 年 6 月中国国际战略研究基金会成立，它专职于通过筹措资金资助中国国际战略研究事业，成为中国首个致力于政策研究的基金会智库。此后随着中国公共政策改革进程的加快，基金会智库发展也越发迅速，自 2004 年 6 月《基金会管理条例》颁布，也即自《基金会管理办法》废止起，中国基金会呈现迅猛的发展态势。

二是党和政府对基金会智库重视程度逐渐提升，使其发展环境不断优化。2012 年 11 月，党的十八大强调了政社分开、权责明确、依法自治，构建现代社会组织体制，在该主张下，基金会智库发展环境已逐步得到改良，2013 年 11 月，党的十八届三中全会进一步强调要

"加强中国特色新型智库建设，建立健全决策咨询智库"，为基金会智库发展明确了方向，且基金会智库的发展环境也进一步得到改善，2015年之后，随着《关于加强中国特色新型智库建设的意见》出台，中国政府对特色新型智库建设的重视程度和帮扶程度又予以提升，大幅优化了中国基金会智库的发展环境。

从这两大宏观政策背景中可以看出，中国基金会智库目前正处于飞速发展时期，这是因为前一宏观政策背景，带动了中国基金会智库的建设和成长，后一宏观政策背景则推动了中国基金会智库的发展和壮大。据基金会中心网的不完全统计，典型意义上的基金会智库从2004年的19个，上升至2013年的34个，再上升至2017年的58个，[①] 其平均年增长量逐步攀升。以2004年的基金会智库数量为基准，平均年增长量已由2013年的1.6个/年发展为2017年的3个/年；年均增幅已由2013年的8.7%上涨为2017年的15.7%。为进一步了解中国基金会智库的具体发展情况，可运用基金会中心网2017年的统计数据，从多角度出发，分析中国基金会智库的宏观发展概况及其形成原因。

（一）中国基金会智库发展概况的宏观探讨

该部分将会从中国基金会智库的影响范围、地域分布、收支状况、研究领域四种角度出发，对中国基金会智库的宏观发展概况做一深入分析。

第一，从影响范围来看，基金会智库整体上规模较大，且地方性基金会智库数量较多。据基金会中心网的不完全统计，在民政部注册的全国性基金会智库目前已达21个，发展迅速且已成规模，但

---

① 不包括高校基金会。数据来源：基金会中心网，http：//data. foundationcenter. org. cn/foundation. html，最后访问时间：2018年8月20日；《智库基金会的挑战及出路》，载《中国基金会发展独立研究报告（2014）》，2014，社会科学文献出版社。

与地方性基金会智库的数量相比，还存在差距。对比来看，地方性基金会智库为 37 个，其数量将近全国性基金会智库数量的两倍，这说明目前中国的基金会智库中，地方性基金会智库的发展积极性远比全国性基金会智库活跃，也凸显地方政府对基金会智库的重视程度之高。

第二，从地域分布来看，基金会智库主要聚集于北京。据基金会中心网的不完全统计，注册地在北京的基金会智库数量最多，为 36 个基金会智库（含 20 个全国性基金会智库）；其次是广东，为 9 个基金会智库（含 1 个全国性基金会智库）；再次为海南，为 3 个基金会智库；最后，河南、福建、浙江、辽宁均为 2 个基金会智库，上海、黑龙江、云南各为 1 个基金会智库，其他省市则无注册的基金会智库。由此可见，目前基金会智库仍聚集于北京，没有充分分散到各个省市区之中，这也许与北京这座城市的特殊性有关系，它作为中国的政治中心，迫切需要基金会智库这类组织为其服务，建言献策，以推出更多适宜的全国性或地方性公共政策。在此需求的推动下，北京的基金会智库发展迅速。

第三，从收支状况来看，一是净资产规模中等水平（1000 万元至 1 亿元）的基金会智库居多；二是基金会智库捐赠收入规模与公益支出规模基本持平，但规模多居于低等水平（0 ~ 1000 万元）。具体而言，本报告基于表 2 中汇总的数据，做了如下两方面分析。

其一，从基金会智库的净资产规模来看，在 58 个基金会智库中，处于 1000 万元至 1 亿元的基金会智库数量最多，为 22 个；处于 0 ~ 1000 万元的基金会智库次之，为 18 个；最少的是 1 亿元以上的基金会智库，为 13 个。净资产规模中等水平的基金会智库最多，说明目前中国的基金会智库的收支较为稳定，起伏不多。

其二，从"捐赠收入规模"和"公益支出规模"之间的比较可以看出，中国基金会智库的捐赠收入总量基本与公益支出总量相对

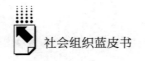

应，这在一定程度上说明基金会智库的捐赠所得能够有效转化为公益活动。但中国基金会在捐赠收入规模和公益支出规模多处于0～1000万元的范围内，说明目前中国基金会智库的资金管理能力有限，一定程度上限制了基金会智库在咨政建言上的功能发挥，也不利于其自身影响力的扩大，亟待改善。

表2 中国基金会智库收支状况一览

单位：个

金额收支项目	净资产规模	捐赠收入规模	公益支出规模
0～1000万元	18	35	32
1000万元至1亿元	22	13	15
1亿元以上	13	6	5

资料来源：基金会中心网，http://data.foundationcenter.org.cn/foundation.html，最后访问时间：2018年8月20日。

第四，从研究领域来看，拥有基金会智库数量最多的前五位研究领域为科学研究领域，如中国光华科技基金会、深圳市综研软科学发展基金会等；扶贫助困领域，如中国扶贫基金会、友成企业家扶贫基金会等；文化领域，如中华社会文化发展基金会、北京国际和平文化基金会；教育领域，如中国留学人才发展基金会、中国西部人才开发基金会；国际事务领域，如中国国际战略研究基金会、太平洋国际交流基金会等。这说明目前中国基金会智库的研究领域多与中国公共政策的改革领域相一致，均注重中国现代化建设过程中涉及的创新发展事业、社会帮扶事业、文化教育事业，以及国际关系的打造这几项主要建设内容。同时，部分基金会智库也关注中国的安全救灾、社区发展、公民权利保障等其他方面的公共政策。

综上所述，从总体上看，中国的基金会智库发展势头还是不错的，且组织整体实力也在逐渐增强，基本上能够发挥较好的咨政建言功能，有利于政府的公共政策改良。但也存在一些发展困境，亟待完善。

那么，为具体展现中国基金会智库的发展概况，还需要从微观入手，即聚焦于中国典型基金会智库的发展过程，分析中国基金会智库在实际运作过程中体现出的发展特征。

（二）中国基金会智库发展概况的微观分析

中国基金会智库有很多类别，目前以此四个基金库智库作为分析对象做具体说明。在本部分，报告选取中国发展研究基金会、中国经济改革研究基金会、中信改革发展研究基金会、北京东宇全球化人才发展基金会四个基金会智库进行分析（见表3），从组织创立初衷、组织宗旨使命与功能发挥、组织管理、组织资源来源这四个方面对比分析四个基金会智库在实际运作过程中体现出的异同性，以此揭示目前基金会智库的具体发展状态与发展特征。

表3　四个基金会智库的基本信息一览

机构名称	注册机构	成立时间	业务主管单位	机构性质	评估情况
中国经济改革研究基金会	民政部	1995年	国家发展和改革委员会	公募慈善组织（已认定）	3A（2012～2016）；3A（2017～2022）
中国发展研究基金会	民政部	1997年	国务院发展研究中心	公募慈善组织（已认定）	4A（2013～2018）
中信改革发展研究基金会	民政部	2014年	中国中信集团有限公司	非公募基金会（企业基金会）	
北京东宇全球化人才发展基金会	北京市民政局	2016年	无	非公募基金会	

以四个基金会智库的基本信息为参照，可总结出三方面区别。

一是创立初衷不同。中国经济改革研究基金会和中国发展研究基金会均成立于 20 世纪 90 年代，也就是在《关于加强中国特色新型智库建设的意见》发布之前就已将自身性质定位为基金会智库，致力于改革开放之后中国在经济等领域的重大发展战略。中信改革发展研究基金会是在 2014 年成立，虽是一个企业基金会，但由于该机构积极响应国家政策，努力为解决社会问题建言献策，最终成功入选为国家高端智库建设第二批机构。北京东宇全球化人才发展基金会成立于 2016 年，属于全球化智库的三大实体组织之一，为适应智库发展需求解决资金多元化和税收优惠政策的落实，保障智库建设有稳定的经费来源而创立。

　　二是宗旨使命与功能发挥不同。这四个基金会智库的功能定位也有差异，前三个基金会智库单独具有智库功能，而第四个基金会智库则主要是通过发挥资金募集功能，以辅助全球化智库建言献策，间接发挥智库功能。中国经济改革研究基金会智库是由中国人民银行批准设立，致力于中国经济改革这一主题的研究，自成立以来资助与中国经济改革相关的课题 350 多个，发布了《中国改革与发展报告》、《宏观经济变量跟踪分析》、《"中国市场化指数"——各地区市场化相对进程》、《中国宏观经济分析》等多项研究成果，[1] 成为政府部门和国内外企业家的重要参考依据。中国发展研究基金会的宗旨是支持政策研究、促进科学决策、服务中国发展，主要资助国际交流活动、人员培训和政策试验研究，并自主开展公共政策研究，同时，奖励在政策咨询和相关学术研究领域做出突出贡献的人员和一些社会公益活动。[2] 中信改革发展研究基金会的宗旨是积极配合党和国家重大决策和部署，围绕社会科学各领域重大问题，特别是关于中国

---

[1]　中国经济改革研究基金会官网，http：//www. crfoundation. org/about/1. aspx，最后访问时间：2018 年 2 月 6 日。

[2]　中国发展研究基金会官网，http：//www. cdrf. org. cn/jj. jhtml，最后访问时间：2018 年 2 月 6 日。

特色社会主义发展道路和发展模式探索问题，深入开展专题研究，切实发挥带动效应，有效引导群众思想。[①] 为了实现这一使命，该组织坚持三大发展原则：坚持实事求是、践行中国道路和发展中国学派。迄今已经支持的项目，如《丝路共同体：中国主导的泛亚区合作》、《中俄关系在中国对外战略全局中的价值》和《中西方经济"新常态"的比较与互动研究》。北京东宇全球化人才发展基金会致力于支持优秀公益人才和组织发展，助力优秀公益组织的人才培训和交流，以及人才研究等领域，成立至今，主要支持中国全球化战略、人才和企业国际化、全球治理等领域的研究和出版事业，并与欧美同学会合作举办各类论坛和会议，发挥出民间基金会智库的作用。

三是组织管理不同。中国经济改革研究基金会和中国发展研究基金会都是国务院相关机构发起成立的，其建设相对规范和前沿，均已参加全国社会组织评估并获得一定的等级。现已被认定为慈善组织，具备公募资格，在资金筹集方面更有优势。相比之下，中信改革发展研究基金会是中国中信集团有限公司发起成立。因而，中信改革发展研究基金会具有央企的背景，在中国中信集团有限公司的影响下，其组织结构和管理方式，倾向于采用企业化手段，并在发展过程中展现出较快的运作效率和较高的运作效益。北京东宇全球化人才发展基金会是民间创立的，组织自主性较强，其组织结构和管理方式，是根据组织发展需要而设立，具有较强的灵活性，能够及时更改，且符合组织的发展需要。

四是组织资源来源不同。在分析组织资源来源有何不同前，首先要明确组织资源的具体所指。本报告在梳理基金会智库的相关研究过程中，总结了基金会智库必备的五类组织资源，即资金、人员、项

---

① 中信改革发展研究基金会官网，http：//www.citicfoundation.org/icms/foundation/zh/ns：LHQ6MTEsZjozMixjOixwOixhOixtOg = =/channel.vsml，最后访问时间：2018 年 2 月 6 日。

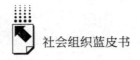
目、技术、关系。且可以运用"政府－企业－社会"三圈互动的分析框架（徐家良等，2016）对四个基金会智库的资源来源情况做一辨析：前两个由国务院相关部门发起成立的全国性基金会智库，即中国经济改革研究基金会和中国发展研究基金会能够获得政府包括资金、人员、项目、技术、关系在内的组织资源相对较多；相对而言，由中国中信集团有限公司发起成立的中信改革发展研究基金会则是主要借助于市场资源，包括资金、人员、项目、技术、关系在内的组织资源；从民间成长起来的北京东宇全球化人才发展基金会则是倾向于回归民间，充分调动民间资源，包括资金、人员、项目、技术、关系在内的组织资源。但是，单一化的组织资源获取渠道已经无法满足当今基金会智库发展的需要，四个基金会智库也都朝着多元化的组织资源获取渠道的方向发展。

三　中国基金会智库运作模式

中国基金会智库种类繁多，衍生出多样化的运作模式。为进一步加深对中国基金会智库发展状况的了解，本报告选取了基金会智库的两个主要维度（见表4），即"资金管理"与"研究过程"。在资金管理维度，将中国基金会智库的运作模式分为资金募集模式、资金来源模式、资金使用模式；在研究过程维度，将中国基金会智库的运作模式分为研究项目来源模式、研究项目操作模式、研究成果产出模式，同时对以上基金会智库运作模式做一类型辨析。

（一）中国基金会的资金管理

中国基金会智库的资金管理可细分为资金募集模式、资金来源模式、资金使用模式三类。

表 4　基金会智库运作模式一览

分析维度	模式名称	具体类型
资金管理	资金募集模式	资金公募型模式
		资金私募型模式
	资金来源模式	企业资助型模式
		混合资助型模式
	资金使用模式	资金运作型模式
		资金资助型模式
研究过程	研究项目来源模式	承接研究型模式
		自主研究型模式
	研究项目操作模式	独立研究型模式
		合作研究型模式
	研究成果产出模式	科研产出型模式
		实践产出型模式
		激励产出型模式

　　第一，从资金募集模式来看，可分为资金公募型模式和资金私募型模式。

　　采用资金公募型模式的基金会智库，主要依靠向社会募集的资助金来从事公益性的资助活动，如中国经济改革研究基金会和中国发展研究基金会，均具有公募资格，可以向社会募集资助金。

　　采用资金私募型模式的基金会智库，主要依靠自由资金的运作增值，以及发起人自身或者其亲友的捐助资金而获得从事公益性活动的资金（陶传进、刘忠祥，2011），如专注于经济与环境可持续发展方面研究的北京长策经济研究基金会，就在章程中明确写明"本组织属于非公募基金会"，因而该组织就在日常运作过程中，不采用向公众募集资金的方式。①

----

　　①　北京长策经济研究基金会官网，http://www.changcefoundation.org/index.php/english.html，最后访问时间：2018 年 8 月 21 日。

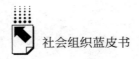

第二，从资金来源模式来看，鉴于多数基金会智库的资金主要来源于企业，根据企业在资助主体中是否具有唯一性，可将资金来源模式分为企业资助型模式、混合资助型模式。

企业资助型模式是指基金会智库的资金主要来源于企业，企业是基金会智库的唯一资助主体。以深圳市综研软科学发展基金会为例，如表5所示，该基金会的捐赠主体均为企业，企业捐赠的资金成为其资助与组织目标相关的公共政策研究项目的基础。

表5　深圳市综研软科学发展基金会接受捐款情况一览

单位：万元

年份	企业名称	捐赠金额	捐赠总额
2007	中国石油化工集团公司	800	3300
	宝钢集团有限公司	800	
	中国石油天然气集团公司	800	
	中国海洋石油总公司	500	
	大连实德集团	100	
	招商银行股份有限公司	100	
	华侨城集团公司	100	
	中国广东核电集团有限公司	100	
2008	大连实德集团	100	100
2009	大连实德集团	100	100
2010	大连实德集团	100	100
2011	大连实德集团	100	100

注：截至2011年基金会共接收捐赠款3700万元，之后没有收到捐赠款。

资料来源：深圳市综研软科学发展基金会"信息公开"专栏，http://www.szssdf.org/donate.asp，最后访问时间：2018年9月5日。

混合资助型模式，顾名思义，就是指基金会智库在运作过程中，除了接受企业资助外，还会得到来自政府、社会组织，乃至个人的资助，资助主体混合多元。

接受政府资助的，如中国西部人才开发基金会。该基金会是由国务院西部地区开发领导小组办公室、上海展望发展进修学院等发起，且经国务院批准，民政部注册登记的全国性公募基金会。它在成立之初，就得到了中央和地方政府的普遍关注和大力支持。从 2016 年的收支构成来看，该基金会除获取捐赠收入外，又收到了来自政府的 100 万元补助，足见政府对该基金会的资助力度之大，扶持程度之高。

接受社会组织资助的，如海南改革发展研究基金会。它在资助建立中国（海南）改革发展研究院时接受了孙冶方经济科学基金会 20 万元捐赠。

接受个人资助的，如中信改革发展研究基金会。从该基金会捐赠者的身份看，除了 13 个捐赠关联方为企业外，还有 4 个捐赠关联方为个人。

综合来看，混合型资助方式属于基金会智库的主流发展趋势，基金会智库只有通过企业赞助、政府资助、社会捐赠、市场化运作收益、"PPP"模式和委托研究项目经费等多元方式，获取组织资金，才能推动基金会智库在社会发展新时期中，不断前进和发展（张大卫、张瑾等，2017）。

第三，从资金使用模式来看，可以分为资金运作型模式和资金资助型模式。

资金运作型模式是指基金会智库为满足组织在学术科研、政策研究等方面的资金需要，自募资金，并产出研究成果的运作模式。如案例中的中信改革发展研究基金会，它内设项目办公室、中国道路丛书工程办公室、社会调查中心、政治发展与公共管理研究中心和《经济导刊》杂志社等科研部门，这些部门将通过科研充分运用基金会智库募集的资金，产出与公共政策有关的研究成果。

资金资助型模式是指基金会智库不从事智库科研工作，主要负责筹款和资助其他组织发挥智库功能的运作模式。如案例中的北京东宇

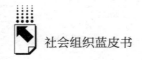

全球化人才发展基金会，它与南方国际人才研究院和北方国际人才研究院一起组成全球化智库，并主要负责为全球化智库筹款、开具捐赠发票、资助智库系列报告的出版，而由北京的全球化智库总部和南方国际人才研究院、北方国际人才研究院，以及海内外各代理机构发挥主要智库功能。

（二）中国基金会智库的研究过程

中国基金会智库的研究过程可细分为研究项目来源模式、研究项目操作模式、研究成果产出模式三类。

第一，从研究项目来源的模式来看，可分为承接研究型模式和自主研究型模式。

承接研究型模式是指基金会智库受制于资助方对政治秩序、市场经济、社会文化、城市环境等领域的公共政策研究的需求，且主要围绕资助方需求开展一系列研究行为或资助行为的运作模式。如：上海发展研究基金会承接上海市政府决策咨询研究项目，在综合分析的基础上，产出了《积极推行上海自贸区金融开放创新，加快上海国际金融中心建设》研究报告，为上海市政府改良自贸区金融相关的公共政策提供了参考方案。

自主研究型模式是指基金会智库从现实中的政治秩序、市场经济、社会文化、城市环境等领域公共政策问题出发，自主开展一系列研究行为或资助行为的运作模式。例如，中国发展研究基金会密切关注经济发展、社会发展和治理能力问题的研究，围绕经济发展问题开展了农业供给侧结构性改革研究、中国社会价值投资研究、"十三五"财政收支预测与形势评估研究等相关研究；围绕社会发展问题开展了公共卫生领域医疗创新研究、商业健康保险课题研究、中国老年人营养与健康研究等相关研究；围绕治理能力问题开展了党领导经济工作法治化问题研究、地方预算信息公开平台建设项目研究等相关研究，以上研究过程及其研究成果的呈现形式，均有较强的自主性，且依靠国内外企业、组织、个人的捐赠和赞助保持研究的可持续性。

第二，从研究项目操作模式来看，可分为独立研究型模式和合作研究型模式。

独立研究型模式是指基金会智库独立资助或开展研究项目的运作模式，属于一种"单兵作战"的方式。基金会智库往往会在一些小型的或较为简单的研究项目上采取该运作模式。此外，自身综合实力较强的基金会智库，也常采取该运作模式。如北京修远经济与社会研究基金会就独立召开了一系列政策研究沙龙：2010 年 4 月，北京修远经济与社会研究基金会在北京召开了以"中国模式：成就与挑战"为主题的政策研究沙龙；2010 年 7 月，北京修远经济与社会研究基金会在北京召开了以"新城市革命：伤痛与出路"为主题的政策研究沙龙；2011年 4 月，北京修远经济与社会研究基金会在北京召开了以"历史的变局——北非阿拉伯事件反思"为主题的政策研究沙龙等，这些研究沙龙活动对中国的政策改良产生了重要影响。①

合作研究型模式是指基金会智库与其他组织或个人合作资助或开展研究项目的运作模式，属于一种"双赢共进"的方式。采用该模式的基金会智库也有两种情况：一是面对复杂或长期的研究项目时，需要和其他组织或个人进行合作；二是组织自身实力较弱，在资助或开展项目研究时，也需要寻求合作。具体来看，与政企合作的案例，如深圳市马洪经济研究发展基金会联合深圳市人民政府法制办公室、深圳市交通运输委员会交通综治处等多家政府机关，和摩拜单车深莞城市总经理、OFO 单车深圳运营总监、优拜单车城市运营副总裁、小蓝单车深圳运营总监等多位企业代表共同商议如何引导共享单车的

---

① 北京修远经济与社会研究基金会官网"大事记"专栏，http://xiuyuan.org/gywm.asp？id＝5，最后访问时间：2018 年 8 月 21 日。

共治，以推进共享单车规范化运作，发挥其应用效果。与高校合作的案例，如深圳市现代创新发展基金会出资举办大梅沙中国创新论坛，邀请高校知名教授参与分享、讨论。与其他社会组织合作的案例，如北京东宇全球化人才发展基金会采取的与南方国际人才研究院和北方国际人才研究院和中国与全球化研究中心一起组成全球化智库的运作模式。这都可以有效发挥三类智库的研究合力，提升咨政建言的效果。

第三，从研究成果产出模式来看，可分为科研产出型模式、实践产出型模式和激励产出型模式。

科研产出型模式是指基金会智库围绕其关注的公共政策领域，开展相关的科研活动，如专家征询、学术会议、社会调研等，产出一系列科研产品，如公共政策修订意见、公共政策研究报告、公共政策研究刊物等的运作模式。深圳市马洪经济研究发展基金会（以下简称"马洪基金会"）就主要采取了科研产出型模式。马洪基金会是为了继承和发扬老一辈革命家和中国著名经济学家马洪同志的遗愿——将其创立的中国研究咨询事业发扬光大，由综合开发研究院（中国·深圳）于2011年底发起成立的基金会智库。该组织常年关注深圳经济改革和民间社会发展，开展了多样的科研活动，且产出了许多科研产品。其中，科研活动包括公共政策研讨会、政府工作民间评议会、首届中日活力化论坛等；产出的科研成果包括一系列理论研究报告。①

实践产出型模式是指基金会智库围绕其关注的公共政策领域，开展一系列相关的公益活动，以期在公益活动中产出推动中国公共政策改良的研究产品。如案例中的中国经济改革研究基金会在运作过程中，就采取了实践产出模式，其代表性的公益活动为资助边远山区小学建设及部分城市新教育的"萨岗小溪"公益项目，以及针对贫困

---

① 深圳市马洪经济研究发展基金会官网，http://www.crfoundation.org/PublicWelfare.aspx，最后访问时间：2018年8月18日。

山区学龄前儿童早期教育条件困难这一状况发起的"送故事下乡"公益项目。两项公益活动，凭借其产生的社会影响力，及其相关的实践报道与理论分析文章，间接地推动了中国教育政策的改良和优化。[①]

激励产出型模式是指基金会智库围绕关注的公共政策领域，开展资助行为，以激励其他组织或个人产出与本组织关注的公共政策相关的研究成果。如深圳市综研软科学发展基金会在其组织章程中就明确指明了主要的业务范围，即资助"公共政策研究项目"；资助"中国智库论坛"；资助设立并评选"中国软科学奖"。具体资助内容参见表6。

表6 2011年度深圳市综研软科学发展基金会资助项目情况

资助项目	资助金额	具体内容
资助评选中国软科学奖	140万元	2011年9月,中国软科学奖评选委员会评选出2011年度,即第二届中国软科学奖,评选经费由深圳市综研软科学发展基金会资助
资助综合开发研究院(中国·深圳)研究、出版项目	80万元	资助公共政策研究成果出版:《CDI中国金融中心指数报告》、《中国城市投资环境研究》、《香港与内地经济一体化研究》、《次区域货币一体化——东亚的机遇与抉择》、《最低工资与中国劳动力市场》、《中小城镇群规划形成路径研究》
		资助研究项目:资助城市化系列研究,其成果为城市化与公共政策研究文辑《城市发展规划与城市治理》;资助农民工市民化问题研究,2012年研究完成并出版成果
资助重大课题研究与出版	50万元	资助《中国模式与中国制度》课题组的研究及成果出版
资助研究论坛	30万元	资助"2011·中国智库论坛"

资料来源：深圳市综研软科学发展基金会"资助项目"专栏，http://www.szssdf.org/pro2011.asp，最后访问时间：2018年9月10日。

---

① 中国经济改革研究基金会官网，http://www.crfoundation.org/about/1.aspx，最后访问时间：2018年8月19日。

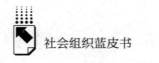

参考文献

国务院发展研究中心社会发展研究部课题组，2011，《社会组织建设：现实、挑战与前景》，中国发展出版社。

基金会中心网，2014，《智库基金会的挑战及出路》，《中国基金会发展独立研究报告（2014）》，社会科学文献出版社。

麦甘，詹姆斯·G.，2018，《美国智库与政策建议：学者、咨询顾问与倡导者》，肖宏宇、李楠译，北京大学出版社。

麦甘恩，詹姆斯、理查德·萨巴蒂尼，2015，《全球智库：政策网络与治理》，韩雪、王小文译，上海交通大学出版社。

陶传进、刘忠祥，2011，《基金会导论》，中国社会出版社。

徐家良等，2016，《新时期中国社会组织建设研究》，中国社会科学出版社。

张大卫、张瑾等，2017，《加快构建中国特色新型智库生态圈》，中国经济出版社。

B.5
中国社会服务机构智库发展专题分析

徐家良　张圣　赵祖平　王昱晨*

摘　要： 中国社会服务机构智库是一类利用非国有资产举办的、从事公共政策服务咨询和建议活动的非营利性法人。从纵向来看，其共经历了四个阶段的发展过程，并在横向上表现出三个方面的发展特点。从中国社会服务机构智库运作模式来看，可从"服务方式"和"研究过程"两个维度出发，将中国社会服务机构智库的运作模式按服务方式划分为政策服务模式、政策分析模式、理论服务模式；按研究过程划分为研究项目来源模式、研究项目操作模式、研究成果产出模式。同时，对每种模式下的具体类型做一区分，揭示社会服务机构智库的发展全貌。

关键词： 社会服务机构智库　非国有资产　咨政建言　运作模式

中国社会服务机构智库发展专题分析分为三部分，即社会服务机构智库概念、中国社会服务机构智库发展概况、中国社会服务机构智库运作模式。

---

* 徐家良，上海交通大学国际与公共事务学院教授、上海交通大学中国公益发展研究院院长、上海交通大学中国城市治理研究院研究员，博士生导师；张圣，上海交通大学中国城市治理研究院博士研究生、上海交通大学国际与公共事务学院博士研究生；赵祖平，中国劳动关系学院公共管理系教授；王昱晨，上海交通大学国际与公共事务学院博士研究生。

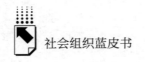

一 社会服务机构智库概念界定

将社会服务服务机构智库概念界定清晰，是进一步阐述社会服务机构智库发展状况和运作模式的基础与前提。

从形式上看，社会服务机构智库属于社会智库和社会服务机构的交集（见图1），兼具二者特点。但从本质上看，社会服务机构智库仍属于社会服务机构，为社会服务机构的一种特殊类型。那么，在界定社会服务机构概念前，需要了解中国社会服务机构的具体内涵，可从"民办非企业单位"称谓向现代"社会服务机构"称谓的演变过程去分析。

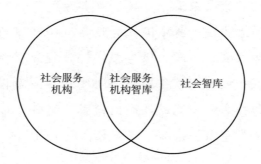

图1 社会服务机构、社会服务机构智库、社会智库之间的关系

（一）从"民办非企业单位"到"社会服务机构"的演变

改革开放以来，纵观从"民办非企业单位"到"社会服务机构"的演变过程，可分为两个阶段，第一阶段是"民办非企业单位"称谓的由来和争议阶段；第二阶段是"社会服务机构"称谓的提出和使用阶段。

1."民办非企业单位"称谓的由来和争议阶段

"民办非企业单位"这一称谓由"民办事业单位"演变而来，在具体使用阶段，又饱受争议，具有进一步演变的可能。

改革开放后，全国许多地方开始涌现"民办医院"、"民办研究院"和"民办学校"等民间组织，它们与传统的事业单位不同，所以部分省市将该类民间组织统称为"民办事业单位"。1996 年 7 月中央政法委在给中央提交的《关于加强社会团体和民办事业单位管理工作的通知》中明确使用了"民办事业单位"这一称谓。后来，受到市场经济的影响，部分学者提出在事业单位改革过程中，应剔除"民办事业单位"这一称谓，取而代之的是"民办非企业单位"，其原因在于：一是"民办事业单位"这一称谓不足以表达该类组织在民间发展过程中体现的自主性特点，易让人产生该类组织与国家行政机构存在隶属关系的错觉；二是事业单位有其特殊性，即对应国家编制，拥有国家给予的事业经费，但这是"民办事业单位"所不具备的。因此，1996 年中共中央、国务院针对以往的民办事业单位这一概念做出修正，言明事业单位是国家举办的，而民间不应再称事业单位。1996 年 8 月，中共中央办公厅、国务院办公厅《关于加强社会团体和民办非企业单位管理工作的通知》中，第一次出现"民办非企业单位"这一称谓，以此取代"民办事业单位"。1998 年 10 月，国务院颁布了《民办非企业单位登记管理暂行条例》，正式界定"民办非企业单位"这一称谓的具体内涵，即企业事业单位、社会团体和其他社会力量以及公民个人利用非国有资产举办的、从事非营利性社会服务活动的社会组织。"民办非企业单位"这一称谓的使用，既是与原来国家财政出资的事业单位有所区分，又体现该类组织与社会团体、基金会和企业的不同。但"民办非企业单位"这一称谓自提出以来，就饱受争议，争议主要在于：其一，随着经济社会的发展，这一称谓在翻译上有所困难，不利于与国际接轨，也难以被国际认可和接受；其二，这类组织的社会服务特性通过名称体现不出来（徐家良，2016）；其三，这一称谓不易被社会公众理解，难以取得社会

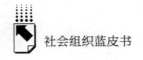

公众的信任和支持。

据国务院发展研究中心社会发展研究部课题组（2011）调查，54%的被调查单位认为"民办非企业单位"的称谓合适，22%的单位认为无所谓，18%的单位认为不合适。从调查结果来看，"民办非企业单位"这一称谓得到的认可度较高，但依旧有将近两成的被调查单位认为不合适，说明该称谓还不能得到大家的普遍认可。

2."社会服务机构"称谓的提出和使用阶段

从1998年到2016年，民办非企业单位与社会团体、基金会作为社会组织三大类型存在。

2016年9月1日起施行的《中华人民共和国慈善法》将"民办非企业单位"这一称谓改为"社会服务机构"。2016年5月民政部开始对《社会服务机构登记管理条例》（《民办非企业单位登记管理暂行条例》修订草案征求意见稿）公开征求意见，为保持一致，意见稿将"民办非企业单位"这一称谓改为"社会服务机构"。相较于"民办非企业单位"这一称谓，"社会服务机构"更能准确反映此类组织的社会组织性质和社会服务功能。2016年8月，中共中央办公厅、国务院办公厅印发的《关于改革社会组织管理制度、促进社会组织健康有序发展的意见》着重指出了社会服务机构这一类社会组织的核心价值，即"有利于改进公共服务供给方式，加强和创新社会治理"。该价值具体体现在提供公共服务、配置社会资源、推动社会服务体制改革（赵青航，2017）。自此，"社会服务机构"这一称谓的使用频率和对社会的影响力骤然提升。可以说，社会服务机构不仅关系到我国公共服务的供给数量、效率与质量，还关系到我国百姓生活的幸福感和国家公共服务的整体发展水平。其中，社会服务机构智库即是社会服务机构中的重要组织类型，对我国的公共政策改良和发展产生了巨大的推动作用（邓国胜，2016）。

（二）社会服务机构智库内涵分析

现有研究文献中，直接对社会服务机构智库概念进行界定的较少，大多将其视为民间智库的一种类型，从民间智库界定入手，间接界定社会服务机构智库的概念，且依旧使用民办非企业智库这一称谓的文献居多，说明学界在该类组织的称谓使用上，还没有实现更迭。例如，金家厚（2014）认为民间智库在中国亦称"体制外"智库，它是相对于体制内的官方智库或政府智库而言的，指处于政府系统（党政系统）之外的专门从事政策研究和提供决策咨询服务的组织机构，其运作经费不是直接来自财政拨款，而是来自项目和课题研究以及社会捐赠、企业资助、境外基金资助等，其中就包含了民办非企业单位法人，如中国（海南）改革发展研究院、上海华夏社会发展研究院等。李玲娟、蔡家祥（2016）也同样认为民间智库是指民间自发成立的研究机构，这些研究机构一般表现为民办非企业单位的形式，也有些以工商企业的形式存在，如北京天则经济研究所、大军经济观察研究中心。王德禄等（2016）也从"二分法"的角度，将民间智库分为企业法人型智库和民办非企业单位法人型智库，且指出后者是由民间出资组织、专门从事政策研究和咨询工作的法人机构。当然，也有部分学者直接提出了社会服务机构智库的概念，但仍使用"民办非企业单位智库"作为其称谓。如薛澜、朱旭峰（2006）在参照《民办非企业单位登记管理暂行条例》的基础上，提出民办非企业单位智库的基本概念，即专门从事政策的研究和咨询工作的民办非企业单位法人。

综合以上概念界定，结合上海华夏社会发展研究院、北京市朝阳区自然之友环境研究所、察哈尔学会、上海浦江社会组织创新发展研究院、深圳市现代创新发展研究院等中国社会服务机构智库的运作状况，我们概括出社会服务机构智库的概念：社会服务机构智库是指在民政部门注册，且接受其规划和引导，由民间自发成立，主要利用非国有资产举办，以服务于政治、经济、文化、社会、生态等领域发展为前提，以提升政府公共政策制定和执行质量为核心，以汇聚专业化的研究人才、研究知识、研究技术为基础，以提交政策建议、发布研究报告、出版研究刊物、举办研讨会议等为成果，以发挥政策咨询、理论创新、社会服务、舆论引导、对外公关等功能为出发点，能够在相关领域产生一定的决策影响力、社会影响力，且获得其他社会主体普遍支持的非营利法人。以上概念反映出六方面的内容。

一是组织性质。社会服务机构智库形式是社会智库，实质是社会服务机构。这说明了社会服务机构智库也是由民间自发成立、利用非国有资产举办的非营利性法人，同时，也要遵循社会服务机构相关法律法规的约束和规制。

二是组织注册。社会服务机构智库的注册地应为县级以上民政部门，且接受其规划和引导，以实现社会服务机构智库的合法性运作。这也是判断社会服务机构智库属于社会智库诸多类型之一的根本因素。

三是组织导向。社会服务机构智库的组织导向与一般社会服务机构相比，既有相同之处又有相异之处。相同之处在于，都是服务于政治、经济、文化、社会、生态等领域的发展。相异之处在于，一般社会服务机构，服务对象主要是社会，服务内容主要是社会中的各类型需求，服务目标一般为提升社会中的公共服务数量和质量，优化社会发展。相比之下，社会服务机构智库的服务对象主要是政府，服务内容主要是政府公共政策的制定和执行，服务目标为提升政府公共政策的制定和执行质量，如北京朝阳区自然之友环境研究所就是通过方案提议的方式，服务于生态类公共政策的制定，至今已提出《垃圾强制分类制度方案》、《废电池污染防治技术政策》和《北京市湿地保护名录》等多项方案。

　　四是组织人员。在社会服务机构智库中，人才多来自民间，以具有高学历背景的知识型人才、具有政府工作背景的实践型人才为主，人才的加入带来了知识和技术的汇聚，从而保证了公共政策研究产出的数量、质量和政策转化效果，如察哈尔学会的专家团队包括国内外政府官员和著名学者。

　　五是组织成果。社会服务机构智库在产出研究成果时，多采用"自下而上"的视角，基于政治、经济、文化、社会、生态领域的各项公共政策在民间的推行现状，针对性地提交政策建议、发布研究报告，直接向政府建言献策，或间接以出版研究刊物、举办研讨会议等方式增强公共政策研究成果的社会关注度和政策影响力，推动政府对公共政策的改良，达到社会服务机构智库的咨政建言效果，如广东亚太创新经济研究院就通过组织研究产出了多样化的成果：承接"广州推进国际科技创新枢纽建设研究"、"佛山顺德区轨道交通产业发展研究"、"新一轮泛珠合作中广州南站区功能定位和发展战略研究"等研究课题；发布《广州市人工智能产业发展研究报告》、《关于加快广州市新一代信息技术产业发展研究报告》、《广州建设国际会展中心城市发展规划》等研究报告；出版《助力新常态——新经济模式下广州发展新战略》、《城市公共决策咨询概论》和《新兴六国市场研究（上/下）》等研究著作；举办"'广州奖'国际城市创新专家研讨会"、"粤港澳大湾区科技创新战略研讨会"和"2018广州国际城市创新大会主题头脑风暴会"等研究会议；发布其他相关研究成果。

　　六是组织功能。社会服务机构智库会通过其研究手段，实现包括政策咨询、理论创新、社会服务、舆论引导和对外公关等在内的多重功能。社会服务机构智库相较于社会团体智库、基金会智库而言，民间性色彩更加浓厚，对于推动政府决策改良和提升公众政策认知均具有影响力，这在一定程度上也反映了社会服务机构智库的存在价值和社会贡献度，如和众泽益志愿服务中心就主要通过打造政府、企业、基金会、社区、社会组织和志愿服务组织的资源对接平台，同时提供相关的信息、培训、研究等方面的服务，创立了网上服务平台"志多星平台"，力图发挥多样化智库功能，同时，使志愿服务资源利用的效率最大化。

七是资金来源。社会服务机构的资金多是由社会个人捐赠和企业捐赠的，部分是由国有企业和政府资助的，因此，社会服务机构的资金来源主要来自社会个人和企业，与事业单位的资金主要来源于政府财政不同。

二 中国社会服务机构智库发展概况

改革开放以来，社会公共服务事业主要发生了两个方面的变化：其一是社会公共服务事业的参与主体范围逐渐放开，以往政府全权管理社会公共服务事业的格局被打破；其二是伴随着社会的发展和人民生活水平的提高，政府制定或执行的一系列公共政策需符合社会发展实际，紧跟社情民意的要求，其中不适宜之处，应做出一定的调整和改革。这两种变化为社会服务机构智库的发展创造了契机，一方面是空间契机，即社会服务机构智库参与社会公共服务事业的空间越发广阔，逐渐呈现多维参与态势，并拥有一定的自由度和自主性；另一方面是需求契机，即政府在制定或执行一系列公共政策时，需要社会服务机构智库参与，以期通过社会服务机构智库提供的公共政策研究成果，使公共政策的制定内容和执行方式做出调整和改革，以符合社会发展趋势和人民群众需求，在此需求的带动下，社会服务机构智库的社会地位和社会影响力均有所提升。无论是空间契机，还是需求契机，都充分说明了社会服务机构智库存在的可能性和可行性。那么，中国社会服务机构智库发展概况究竟如何？可从"社会服务机构智库的发展历程"和"社会服务机构智库的发展规模"
两方面去阐述。

（一）社会服务机构智库的发展历程

纵向观察社会服务机构智库的发展历程，可将其总结为四个时
期，即孕育期、成熟期、发展期和创新期。

社会服务机构智库的孕育期，是20世纪80年代。该时期内中国
正处于改革开放初期，需要对传统的公共政策进行改良，并推出一系
列适时、民主、科学、高效的新公共政策，推进社会的进步和发展。
在此需求下，诞生了一批早期社会服务机构智库，如1989年2月，
在深圳经济特区创办的国内第一个综合性、全国性的新型智库——综
合开发研究院（中国·深圳）。

社会服务机构智库的成熟期，是以1992年邓小平发表南方谈话
为开端。1992年党的十四大确定了社会主义市场经济的发展目标，
并随之产生一系列复杂多样的公共政策议题。为满足在这些公共政策
议题指引下产生的具体政策设计和制度规划，能够符合中国发展目标
这一需求，民间涌现了一大批社会服务机构智库，以咨政建言的方式
参与其中，具有代表性的主要有1993年成立的北京天则经济研究所、
1994年成立的上海华夏社会发展研究院等。

社会服务机构智库的发展期，是以2004年中共中央发出《关于
进一步繁荣发展哲学社会科学的意见》作为分界点。此意见指出
"要使哲学社会科学界成为党和政府工作的思想库和智囊团"，同时
提升了对"发挥广大哲学社会科学工作者的积极性、主动性和创造
性，引导他们始终坚持正确的政治方向"这一方面工作的重视程度。
在党政机关的引领下，社会服务机构智库得到了大幅度的发展。其中
具有代表性的有2004年成立的北京方迪经济发展研究院及当代城乡
发展规划院等。

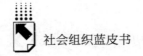

社会服务机构智库的创新期，是以 2012 年党的十八大为分界点。2012 年党的十八大对社会服务机构智库参与公共政策研究的肯定，以及之后的 2015 年发布的《关于加强中国特色新型智库建设的意见》、2017 年发布的《关于社会智库健康发展的若干意见》，均释放出强烈的信号，即社会服务机构智库将迎来新的"黄金时期"。与此同时，社会服务机构智库也顺应了社会发展趋势，逐步扩大自身的服务领域，同时展现出更加强烈的参政热情，为增强社会服务机构智库在咨政建言上的功能和效果，不断创新组织发展和成果产出的内容和形式，为推进新时期社会发展过程中的公共政策改革和优化做出了重要贡献。例如，上海华夏社会发展研究院在 2012 年受上海市精神文明建设指导委员会办公室委托，在开展"上海市文明单位社会责任指数"研究的基础上，运用"互联网＋"技术，设计并构建了能应用于评估上海市不同类型的文明单位的"上海文明单位社会责任评估体系"网络评估平台，便于以评估方式对文明单位在履行社会责任方面进行监督。

（二）社会服务机构智库的发展规模

中国社会服务机构智库的发展已经初具规模，并在中国各方面公共政策制定和执行中，发挥重要的咨政建言作用。现有社会服务机构智库统计名录较为稀少，在谢曙光、蔡继辉主编的《中国智库名录（2015）》中，系统统计了 40 个社会服务机构智库，以此为例，对社会服务机构智库的影响范围、地域分布、研究领域做一深入分析。

第一，从影响范围来看，40 个社会服务机构智库中，地方性社会服务机构智库占比较高。以注册地是否为民政部作为划分标准，将40 个社会服务机构智库划分为全国性社会服务机构智库（注册地为民政部）和地方性社会服务机构智库（注册地非民政部）。其中，仅有 4 个的注册地为民政部，即是说仅有 4 个社会服务机构智库属于全国性社会服务机构智库，具体为当代城乡发展规划院、华坤女性生活调查中心、中国智慧工程研究会和中益老龄事业发展中心，其余皆为地方性社会服务机构智库。这说明目前中国的社会服务机构智库主要影响范围还在地方，参与地方公共政策的制定和执行过程，发挥咨政建言功能仍为社会服务机构智库的主要任务。同时，在所有参与全国公共政策研究的智库中，全国性社会服务机构智库也是少数组织，不占据主要地位。①

第二，从地域分布来看，40 个社会服务机构智库中，北京市的社会服务机构智库占比较高。注册地在北京的社会服务机构智库为 31 个（含 4 个全国性社会服务机构智库）；注册地在上海、广东、海南的社会服务机构智库为 2 个；注册地在江苏、陕西、新疆的社会服务机构智库为 1 个（谢曙光、蔡继辉，2015）。由此可见，社会服务机构智库分布集中现象明显，大量的社会服务机构智库集中于北京，其他地区的社会服务机构智库较为稀少，甚至多数省市都没有社会服务机构智库。之所以呈现如此大的地域差距性，既缘于北京在中国的特殊地位，即北京属于政治中心，其公共政策的制定与执行情况会对其他城市产生辐射和带动影响，也缘于社会服务机构智库的自身发展状况，即多数社会服务机构智库仍需依附于政府而实现自身发展。但鉴于社会服务机构智库在咨政建言方面发挥出的重要功能，有必要将该类智库组织推广到更多省市。

第三，从研究领域来看，40 个社会服务机构智库中，开展单一领域，尤其是经济领域研究的占比较大。以社会服务机构智库研究领

---

① 对全国性公共政策产生较大影响的智库主要有：国务院法制办公室政府法制研究中心、国务院港澳事务办公室港澳研究所、国家粮食局科学研究院等官办智库；中国工程院、中国科学院、中国社会科学院等科研院所；北京大学公民社会研究中心、清华大学 21 世纪发展研究院、上海交通大学中国公益发展研究院等高校智库；以及诸多党校、行政学院，乃至军队智库（谢曙光、蔡继辉，2015）。

域是否具有唯一性作为划分依据，可将其分为单一研究领域社会服务机构智库（研究领域具有唯一性）和多元研究领域社会服务机构智库（研究领域具有多元性），单一研究领域社会服务机构智库占总量的 67.5%，相比之下，多元研究领域社会服务机构智库则仅占总量的 32.5%（谢曙光、蔡继辉，2015）。目前单一研究领域社会服务机构智库仍占主流，且远超于多元研究领域社会服务机构智库。

从社会服务机构智库的运作实际出发，单一研究领域社会服务机构智库之所以较多，一方面是因为多数社会服务机构智库倾向于专一性和深入性的研究方式，以增强组织在某一研究领域的专业程度；另一方面也说明多元研究领域社会服务机构智库发展的难度较大，因为如果社会服务机构智库选择关注多元研究领域，就表明它已经具备较高水平的运作条件，比如功能多样的研究场所、分支庞大的组织结构、多重专业背景的组织人员、条线交织的社会网络等，一般的社会服务机构智库难以满足这些运作条件，所以多数社会服务机构智库选择发展为单一研究领域社会服务机构智库。

进一步聚焦于单一研究领域社会服务机构智库，可从研究门类的角度，对其进行对比分析。具体可以划分为政治类社会服务机构智库，如中国决策科学院、北京国际城市发展研究院等；经济类社会服务机构智库，如天则经济研究所、北京方迪经济发展研究院等；文化类社会服务机构智库，如 21 世纪教育研究院、北京民教信息科学研究院等；社会类社会服务机构智库，如当代城乡发展规划院、中益老龄事业发展中心；生态类社会服务机构智库，如北京市朝阳区自然之友环境研究所等。五类社会服务机构智库中，排在前三位的社会服务机构智库依次为经济类社会服务机构智库、政治类社会服务机构智库、社会类社会服务机构智库，详细占比情况参见图 2。由此占比情况出发，可从公共政策的改良需求角度，间接了解到在中国现今发展进程中，改良需求迫切的公共政策领域应首先为经济领域、政治领域和社会领域，其次才是文化领域和生态领域。同时，五类社会服务机构智库中，经济类的最为突出，这与我国"以经济建设为中心"的发展战略相契合。

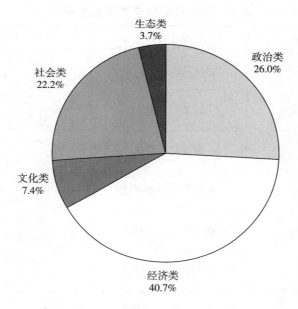

图 2　27 个单一研究领域社会服务机构智库分布比例

资料来源：谢曙光、蔡继辉，2015。

三　中国社会服务机构智库运作模式

中国社会服务机构智库在具体运作过程中，会采取不同的运作模式。本报告选取了社会服务机构智库的两个主要维度（见表1），即"服务方式"与"研究过程"，对社会服务机构智库的运作模式进行系统梳理。在服务方式维度，将社会服务机构的运作模式分为政策服务模式、政策分析模式、理论服务模式；在研究过程维度，将社会服务机构智库的运作模式分为研究项目来源模式、研究项目操作模式、

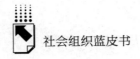

研究成果产出模式，同时对以上社会服务机构智库运作模式进行类型辨析。

表1 社会服务机构智库运作模式

分析维度	模式名称	具体类型
服务方式	政策服务模式	政策咨询型模式
		政策建议型模式
	政策分析模式	重点分析型模式
		综合分析型模式
	理论服务模式	知识创建型模式
		成果汇编型模式
研究过程	研究项目来源模式	承接研究型模式
		自主研究型模式
	研究项目操作模式	独立研究型模式
		合作研究型模式
	研究成果产出模式	科研产出型模式
		实践产出型模式

（一）中国社会服务机构智库的服务方式

中国社会服务机构智库的服务方式可细分为政策服务模式、政策分析模式和理论服务模式三类。

第一，从政策服务模式来看，可分为政策咨询型模式和政策建议型模式。

政策咨询型模式主要是指社会服务机构智库基于现实数据和案例，为政府提供的公共政策咨询服务。如北京朝阳区自然之友环境研究所积极提供与生态环境相关的公共政策咨询服务，且参与了《能源发展"十三五"规划》、《"十三五"全国城镇生活垃圾无害化处理设施建设规划》等规划方案的制定，发挥出较强的政府"参谋官"

功能。

政策建议型模式主要是指社会服务机构智库针对目前刚刚制定或已经实施的公共政策内容或公共政策执行方式提出建议，以此影响政府决策行为。如深圳市现代创新发展研究院每年根据政府和社会关注的改革创新领域的若干重大理论研究与实践问题，自立研究课题，提出建设性的建议，为党和政府决策提供参考和咨询，代表成果有《共享深圳报告——从速度深圳、质量深圳迈向共享深圳》、《深圳供给侧结构性改革的几点建议》和《深圳改革大潮中的市委书记们》等。

第二，从政策分析模式来看，可分为重点分析型模式和综合分析型模式。

采取重点分析型模式的社会服务机构智库，主要是采用"由点到面"的方式，有重点地开展公共政策研究，如上海浦江社会组织创新发展研究院，就是基于浦东新区的社会组织发展实际，以行业协会商会为研究重点，在深入分析的基础上，产出《行业协会商会脱钩改革后的综合监管研究》、《脱钩后浦东新区行业协会商会的组织治理转型研究》和《浦东新区行业协会商会参与市场监管体系建设研究》等研究成果，引导浦东新区行业协会商会创新发展。

采取综合分析型模式的社会服务机构智库，会围绕组织的主要研究对象，从多元研究视角切入，开展综合性的公共政策分析。以深圳市侨商智库研究院为例，该组织就是以侨商为主，开展了一系列相关研究：侨商经济研究，如《海外潮团发展报告》；侨商政治研究，如《侨务工作政策与实践》；侨商社会组织研究，如《海外粤籍华人社团发展报告》；等等。同时，又配套开展了一系列侨商服务，如共建深圳市侨商智库研究院与共青团南山区委员会创新创业基地，共建深圳市侨商智库研究院与潮州市青年联合会青年创业基地。

第三，从理论服务模式来看，可分为知识创建型模式和成果汇编

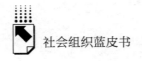

型模式。

采取知识创建型模式的社会服务机构智库，一般学术性较强，能够在咨政建言的同时，创造和丰富已有的公共政策理论体系。如察哈尔学会开展了外交政策研究，在对公共政策充分分析的基础上，运用理论的视角，产出了《软战时代的中美公共外交》、《美国对华公共外交战略》和《中日传播与公共外交》等研究成果，丰富了中国外交领域的公共政策理论体系。

采取成果汇编型模式的社会服务机构智库，一般实践性较强，往往是围绕研究主题，收集和编纂已有的研究成果，再以书或期刊的形式出版，以提升组织研究成果的整体影响力，也起到对外宣传的效果。如深圳市现代创新发展研究院每年都会将大梅沙论坛嘉宾的发言和讨论内容整理成《大梅沙中国创新论坛文集》，作为其咨政建言的主要理论成果。

（二）中国社会服务机构智库的研究过程

中国社会服务机构智库的研究过程可细分为研究项目来源模式、研究项目操作模式和研究成果产出模式三类。

第一，从研究项目来源模式来看，可分为承接研究型模式和自主研究型模式。

承接研究型模式是指社会服务机构智库在具体运作过程中，主要以承接政府公共政策需求的方式开展相关研究。以上海华夏社会发展研究院为例，该研究院发布的各类型测评体系，就是在中央或地方政府的委托下设计的。像2002年"全国文明城市测评体系"，就是受中共中央精神文明建设指导委员会办公室委托，由上海华夏社会发展研究院研制的省会城市和地级城市文明程度测评体系。2002年以后，连续五届（每三年一届）对该测评体系进行修订，并负责将其扩展为面向全国2000个县级市（县城）的"全国文明城市测评体系"。

此外还有"全国志愿服务工作测评体系"、"全国文明单位测评体系"和"海关系统精神文明建设工作评价体系"等，都是在政府委托下研制的测评体系。

自主研究型模式与承接研究型相对应，是指社会服务机构智库自发性的研究过程和研究行为。如深圳市现代创新发展研究院自主开展关于深圳的一系列研究，其主要研究成果既有针对深圳市重大改革问题的系列研究报告，又包含了反映年度国家重大改革进程的《中国改革报告》，且后者已连续出版四年，成为政府推行改革创新过程中的重要参考。

第二，从研究项目操作模式来看，可分为独立研究型模式和合作研究型模式。

独立研究型模式是指社会服务机构在提供公共政策咨询服务或提出公共政策改良建议的过程中，主要依靠组织的自身实力，很少或几乎不与其他组织进行合作。如盘古智库依靠组织自身实力，积极开展全球治理、"一带一路"、创新驱动、宏观经济等领域的研究，产出了《朝鲜经济的现状、走向及主要问题》、《奥斯曼之镜：中土两国历史上的相互观照与认知》等研究报告，以及《盘古智库谈"一带一路"》、《中国新路——新型城镇化路径》等研究专著，并以盘古智库国际形势月报的形式，跟进对国际形势和国际政策的分析与探究。[1]

合作研究型模式是指社会服务机构在提供公共政策咨询服务或提出公共政策改良建议的过程中，主要采取了与其他组织合作的方式，以此完成相应的公共政策研究。如当代城乡发展规划院就与中共江苏省委研究室和江苏省发改委、经贸委组成联合课题组，以探寻江苏省

---

[1] 盘古智库官网"盘古成果"专栏，http：//www.pangoal.cn/news.php？pid=13，最后访问时间：2018年8月26日。

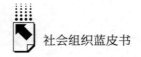

"发展与节约双赢的基本规律"为研究目标，在充分调研和分析的基础上，撰写了《江苏省发展与节约双赢规律研究（上）》、《江苏省发展与节约双赢规律研究（下）》两篇研究报告，为江苏省新一轮的发展提供了具体的参考意见。①

第三，从研究成果的产出模式来看，可分为科研产出型模式和实践产出型模式。

采取科研产出型模式的社会服务机构智库，主要围绕关注的公共政策，开展一系列科研活动，如专家征询、学术会议、社会调研等，在此基础上产出一系列科研产品，如公共政策修订意见、公共政策研究报告、公共政策研究刊物等。中智科学技术评价研究中心就是在与中科院遥感所合作研究的基础上，提出了"智慧中国"议题，被中央有关部门摘发，推动了中国公共政策的改良和创新。

采取实践产出型模式的社会服务机构智库，主要围绕关注的公共政策开展一系列公益活动，以此推动公共政策改良进程。如中国创业智库就通过创建大学生创业实践基地——DMC创业基地，依凭其科学、完整、实用的中国创业学思想体系和DMC课程体系，带动了大学生创业热情和创业活力，其中的一些具体思想，又间接推动了中国的创业政策改良。②

参考文献

邓国胜，2016，《〈民办非企业单位登记管理暂行条例〉修订草案征求

---

① 当代城乡发展规划院官网"江苏省发展与节约双赢规律研究"专栏，http：//chur. cssn. cn/kyhd/201504/t201504/t20150423_ 2152864. shtml，最后访问时间：2018年8月27日。

② 中国创业智库官网"DMC创业教育基地"专栏，http：//www. zgcyzk. org/html/chuangyejidi/，最后访问时间：2018年9月1日。

意见稿的七大突破》,《中国社会报》6 月 20 日。

国务院发展研究中心社会发展研究部课题组,2011,《社会组织建设:现实、挑战与前景》,中国发展出版社。

金家厚,2014,《民间智库发展:现状、逻辑与机制》,《行政论坛》第 1 期。

李玲娟、蔡家祥,2016,《民间智库发展:现状、逻辑与机制》,李凤亮主编《中国特色新型智库建设研究》,中国经济出版社。

王德禄、王志光、邵翔、邓兴华,2016,《民间智库在创新驱动战略中的重要作用》,《中国科学院院刊》第 8 期。

谢曙光、蔡继辉主编,2015,《中国智库名录(2015)》,社会科学文献出版社。

徐家良,2016,《完善〈民办非企业单位登记管理暂行条例〉的意见建议》,《中国社会报》6 月 20 日。

薛澜、朱旭峰,2016,《"中国思想库":涵义、分类与研究展望》,《科学学研究》第 3 期。

赵青航,2017,《从民办非企业单位到社会服务机构》,《中国社会组织》第3 期。

B.6
中国社会智库发展的问题与建议

徐家良　汪锦军　吴　磊*

摘　要： 中国社会智库发展迅速，但也暴露出一些发展问题亟待解决。这些发展问题主要来自社会智库的内部运作和外部环境。内部运作问题具体表现为发展实力整体较弱且参差不齐，资源分配不均；对公共政策影响的范围有限；运作过程中普遍缺乏创新意识。外部环境问题主要表现为缺少认定标准和评估体系；政府干预力度太大，有待放宽；多元支持力度有待加大。针对以上问题，本报告分别从社会智库自身运作和政府部门的外部支持出发，提出相关建议，以提升社会智库咨政建言效果，并推动其可持续发展。

关键词： 中国社会智库　可持续发展　战略思路

　　改革开放以来，随着我国公共政策改良进程的不断加快，以及社会参与公共政策改良的空间大幅放开，影响公共政策改良的社会智库的组织建设和发展速度日益加快，已在数量和规模上较以往有

---

* 徐家良，上海交通大学国际与公共事务学院教授、上海交通大学中国公益发展研究院院长、上海交通大学中国城市治理研究院研究员，博士生导师；汪锦军，浙江行政学院公共管理部副主任，教授，硕士生导师；吴磊，上海工程技术大学社会科学学院副教授、上海交通大学国际与公共事务学院博士后。

大幅提升。然而，社会智库在快速发展的过程中，也遇到了来自内部运作和外部环境方面的一系列问题，需要采取相应的措施予以解决。

一 中国社会智库的发展问题

基于对中国社会智库的分析，本报告发现其在发展过程中暴露出一系列问题，按"内部运作"和"外部环境"两个维度进行划分（见表1），可划分为以发展实力整体较弱，且参差不齐，资源分配不均，对公共政策影响的范围有限，运作过程普遍缺乏创新意识为代表的社会智库内部运作问题；以及以缺少社会智库认定标准和评估体系、政府干预力度太大有待放宽、多元支持力度有待加强为代表的社会智库外部环境问题。

表1 社会智库发展问题一览

分析维度	问题
内部运作	发展实力整体较弱且参差不齐,资源分配不均
	对公共政策影响的范围有限
	运作过程中普遍缺乏创新意识
外部环境	缺少认定标准和评估体系
	政府干预力度太大,有待放宽
	多元支持力度有待加大

（一）社会智库发展的内部运作问题

社会智库发展的内部运作问题，主要体现在以下三个方面：发展实力整体较弱且参差不齐，资源分配不均；对公共政策影响的范围有限；运作过程中普遍缺乏创新意识。

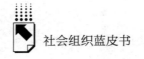

1. 社会智库发展实力整体较弱且参差不齐，资源分配不均

中国的官方智库和半官方智库占比高达90%以上，相比之下，社会智库的占比则较低。庞大的官方智库和半官方智库的存在，挤压了社会智库的空间，基本垄断了来自政府的研究项目，社会智库很难与其"分羹"，更难说获得政府资助了（王辉耀、苗绿，2014）。同时，部分学者认为影响社会智库的发展问题还包括采集政府部门数据的困难之大，影响了其研究过程，可以说，社会智库的发展仰赖于一个国家的信息开放程度（王辉耀、苗绿，2017）。相比于官方智库或半官方智库，除在项目分配、政府资助和信息获取上存在差距外，调查发现，社会智库自身的人力和财力基础整体较弱，限制了社会智库的发展。

此外，社会智库的发展参差不齐，且发展较好的社会智库能够获取到较多的人、财、信息、项目等资源，发展较差的社会智库则难以获取这些资源。具体而言，一些老牌社会智库，拥有较多的人力、财力等资源，与政府合作较为密切和顺畅，承接了政府多种项目，且得到了政府提供的，包括人、财、信息等资源在内的支持，使其在国内外有较大的影响力，从而得到社会的认可和更广泛的资助，如1989年成立的综合开发研究院（中国·深圳）。该研究院是经国务院批准成立的社会服务机构智库，业务主管单位是国务院研究室。它致力于研究国家宏观战略、区域经济、城市化、产业发展政策，以及企业战略与投资决策。根据其2018年预算草案，该研究院能够获取政府较多的财政拨款，且有资格承接市委、市政府交办的研究任务，同时，还与高校合作开展高级经济管理人员的高学历培训等。相比之下，一些起步较晚的草根社会智库，虽积极发挥咨政建言作用，但在运作过程中，缺少产出成果的人才和维持生存的基本资金，相关信息的获取渠道也不通畅，加之，政府少有项目委托给这些草根社会智库，且对其扶持力度不够，导致其发展较为困难。

2. 社会智库对公共政策影响的范围有限

社会智库对公共政策的影响具有有限性特征，主要体现在以下三方面：一是影响地域的有限性，二是影响领域的有限性，三是影响程度的有限性。

第一，影响地域集中于北京市。无论是社会团体智库、基金会智库，还是社会服务机构智库，都普遍集中于北京市，相比之下，其他省市的社会智库较少或没有。社会智库在地域上过度集中，不利于社会智库在全国范围内发挥咨政建言作用，难以推动各地市公共政策的优化。

第二，影响领域集中于经济类、政治类和社会类公共政策。社会智库关注最多的公共政策类型为经济类、政治类和社会类，且经济类占据首位，相比之下，文化类和生态类的关注程度较低。这不利于发挥社会智库对中国全领域公共政策的影响力。此外，关注领域的过度集中，也造成了重复研究问题的产生，由此问题又会引发研究资源浪费、研究观点泛化、政策方案雷同等一些衍生问题。

第三，影响程度多局限于对公共政策部分内容及其相关执行方式的改良建议上。目前社会智库的公共政策研究多采用两种策略：一是以为政府出谋划策为出发点，针对具体的公共政策内容和执行，提出"修补"式的建议；二是对于中国整体的公共政策规划和设计进行研究，提出整体的战略方案，内容宏观科学，提纲挈领式地将中国公共政策演进局势描述出来。这两种研究策略其实对于社会智库而言，都比较重要，但是，由此产出的成果普遍不够系统深入，难以经得起检验，对于推动中国的公共政策改良，影响范围仍然有限，很难对当前的公共政策做出突破性的研究贡献。理想状态下，要做出突破性的研究贡献应该基于政府政策难题或社会现实问题，从当前有问题或缺失的制度设定、政策规划、执政行为出发，基于严谨的方法，应用数据和访谈材料，在减少外界干扰的情况下，提出严密的方案，且对方案

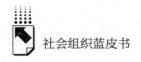
执行过程中的一系列可能情况做出预测，并设立预警机制防患未然。这类公共政策研究目前在社会智库中，属于少数。

3. 社会智库运作过程中普遍缺乏创新意识

社会智库运作过程中缺乏创新意识的具体表现为社会智库运作过程中的路径依赖、政府依赖、观念保守。

第一，社会智库运作过程中的路径依赖表现为社会智库对传统管理方式的沿袭，说明社会智库在组织管理方面缺乏创新意识。目前大部分的社会智库，尤其是组建时间较长，且具有一定官方背景的社会智库，仍沿袭了传统管理办法——组织内设立多层、多级部门。虽然提高了管理效率，但是也会产生一系列问题，比如人员内部层级划分明显，体系较为庞杂，研究工作"上传下达"成本较高，且容易出现传达含义"上下不一"的情况；内部各研究小组或各研究部门相互竞争，缺乏沟通；评定绩效时，重视成果产出，轻视成果转化率等，进而导致社会智库内部容易滋生出相互比对、恶性竞争、盲目承接项目等乱象。少有社会智库突破传统的管理模式，选择扁平化的创新管理结构，提升社会智库的管理水平。目前，已采取该创新管理结构的社会智库有全球化智库、北京朝阳区自然之友环境研究所、中关村产业技术联盟联合会等。

第二，社会智库运作过程中的政府依赖表现为社会智库采取的依附政府开展研究的运作策略，说明社会智库在组织研究方面缺乏创新意识。社会智库在运作过程中，以成为政府首要参政机构为目标，始终围绕政府部门的相关决策需求，开展有官方色彩的公共政策研究。由此产生的公共政策研究成果，其观点表达很难具有客观性，容易成为政府推行公共政策的"扩放器"，更难讲，这些成果能够推动政府决策民主化、科学化。社会智库采取这种政府依赖方式，固然能获取政府信息和资源，但如此功利性的公共政策研究，很难产生具有创新性的公共政策研究成果，长久来看，不利于社会智库的创新发展，更不利于中国公共政策的优化。

第三，社会智库运作过程中的保守观念表现为社会智库对所谓的创新研究存有顾虑，说明社会智库在组织产出方面缺乏创新意识。具体而言，一方面，社会智库在开展公共政策研究时，顾忌到中国现今社会意识形态方面的各种禁忌，致使其研究过程极为谨慎，因而产出的研究成果都具有一定的保守色彩（张大卫、张瑾等，2017）。另一方面，老一辈研究者在公共政策研究方面话语权较大，且偏向于保守改良公共政策，容易引导社会智库研究朝向保守方向，由此很难产生创新性的观点，说明目前社会智库在创新研究的积极性推动方面还需强化。

（二）社会智库发展的外部环境问题

社会智库发展的外部环境问题，主要体现在以下三个方面：社会智库缺少认定标准和评估体系；政府干预力度太大，有待放宽；社会智库的多元支持力度有待加大。

1. 社会智库缺少认定标准和评估体系

认定标准是对社会智库法律资格的一种认定，评估体系是对社会智库发展过程的一种监督，二者缺一不可。但目前来看，我国尚未制定出社会智库的认定标准与评估体系，极大地影响了社会智库的建设和发展水平。

一方面，社会智库缺少认定标准。《中华人民共和国慈善法》规定社会组织达到一定的条件，符合一定的标准可以认定为慈善组织，并通过相关管理办法和规范化程序配套落实，相比之下，目前社会智库尚缺乏一套完整规范的认定机制，虽有《关于加强中国特色新型智库建设的意见》的八项建设标准，但是没有统一规范的认定标准，这不利于社会智库的规范发展、提升社会智库的法律保护意识，因此，社会智库认定标准亟待完善。

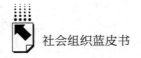

另一方面，社会智库缺少评估体系。设立评估体系，开展评估行为，是保障社会智库有效产出公共政策成果的重要监督方式。但我国对于"究竟如何对发挥咨政建言功能的社会智库进行有效评估"这一问题，至今尚未给出明确答复。缺少对社会智库的有效评估，容易导致社会智库的运作质量不一，产生"鱼龙混杂"的现象，同时不利于督促社会智库完善其组织结构和制度建设，比如完善党建机构，以及信息公开机制等，提高公共政策研究成果质量及其转化为政府具体决策的比率。此外，对于政府而言，若是缺少社会智库评估体系，既难以对社会智库实施有效监督，更无法对社会智库进行有针对性的组织扶持。

2. 政府干预力度太大，有待放宽

结合社会智库的公共政策研究状况，我们认为政府可以对社会智库开展公共政策研究，尤其是项目承接型的公共政策研究，在宏观政策理念和宏观政策规划方面，适当作一方向上的指导。但不能过分干预社会智库的公共政策研究，需要给予社会智库一定的研究空间，使之能够自主地开展研究工作，包括选题空间、研究设计、研究路径等，产出民主化、专业化、科学化的公共政策研究成果（张伟，2017）。但从现实来看，政府干预色彩较为明显，导致许多社会智库的研究目的出现扭曲，逐渐由影响决策向诠释决策转变，这是社会智库受制于政府干预，产生的一种缺乏独立思维的典型现象。该现象具体表现为，在开展公共政策研究时，会受到政府部门的话语干预，过滤社会中多样化的意见和诉求，强化政府原初的公共政策设想，导致某些公共政策，缺乏足够的公共性（张伟、赖先进，2017）。因此，为解决该问题，应转变政府指导方式，适当地放宽政府干预，给予社会智库更多的研究空间。

3. 社会智库的多元支持力度有待加大

目前，社会智库获得的多元支持力度仍不足，主要表现在政府对社会智库的信任程度不高、"双重纳税"加重组织研究负担、获取社会资助效果不强、社会智库人才支持力度不足、社会智库咨政建言渠道不畅通五个方面。

第一，政府对社会智库的信任程度不高。政府面对社会智库这一新生组织的出现，并没有充分认识到其重要性和未来发展的空间。因而，政府很难给予社会智库一些内部权威信息，此外，在其他资源上的帮扶程度也极其有限。相反，会更加留意这些社会智库的实际运作过程，并对其产出结果实时监督。

第二，"双重纳税"加重组织研究负担。部分社会智库通过承接政府课题来获取资金支持，但是面临着进一步缴纳税收的"双重纳税"问题。一些数据采集、信息搜集、科研攻关难度比较大的项目，在经历"双重纳税"后，基本难以负担社会智库工作人员的科研成本。

第三，获取社会资助效果不强。社会智库很难得到开具捐赠发票的资格，降低了社会力量向社会智库科研项目捐赠资金的吸引力。加之，社会公众多关注扶贫济困和抗震救灾等领域的慈善捐赠，对于社会智库重要性的认知有限，所以社会智库基本得不到社会公众的捐赠，倾向于向企业和政府寻求资金支持，这就无法保证资金来源渠道的多元化。

第四，社会智库人才支持力度不足。人才质量关乎社会智库的发展水平。目前，多数社会智库，单靠自身力量，是无法吸引人才、激励人才、培育人才的，缺少了人才支持，社会智库的发展就陷入了困境，开展公共政策研究的水平也大打折扣，因此需要政府给予一定支持。

第五，社会智库咨政建言的渠道有待完善。目前社会智库的咨政建言渠道畅通情况有别，少部分拥有较强政治资源的政府高层官员退休任职于社会智库，则其所属的社会智库就能较顺畅地将意见上报给

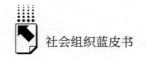

政府；其他缺少类似人员的社会智库，在意见上报的过程中，则会相对被动一些。这种情况制约着中国社会智库的整体发展，同时，也体现了社会智库对通畅化、统一化、规范化的上报渠道的呼吁。

二　中国社会智库可持续发展的战略思路

中国社会智库发展无论是内部运作，还是外部环境，都遇到了诸多发展问题。那么，究竟如何实现社会智库良性发展？本报告认为需要社会智库和政府部门共同努力。因此，中国社会智库可持续发展战略思路包括两个方面，即"社会智库的运作建议"与"政府部门的外部支持"。

（一）社会智库的运作

这部分主要从社会智库自身运作的组织地域、组织目标、组织结构、组织人员、组织资金和组织研究六个角度出发，针对社会智库的发展问题，提出相关建议。

第一，组织地域：尽量实现社会智库分散化建设。具体包括两套策略：其一，北京市的社会智库可以通过在其他各地建立分中心的形式，扩大组织规模，以为更多城市的公共政策改良建言献策；其二，其他地市的本土社会组织可参考参与社会服务过程中的相关经验，在吸纳专业性人才的基础上，向影响公共政策制定和执行的社会智库转型，以此更好地推动公共政策的完善和社会的有序发展。

第二，组织目标：关注公共政策研究盲区。公共政策研究盲区包含两层含义：其一是从未涉及的公共政策研究领域；其二是涉及已有公共政策研究领域中未能关注或未能解决的具体问题。将组织目标做如此定位，是为了让已有或新兴的社会智库能够补足以往公共政策研究的不足，以此实现公共政策研究的有效性。

第三，组织结构：社会智库建立党组织引领下的扁平化组织结构，并配以系统化的内部监督机制，予以保障。组织结构首先是要强化党组织建设，加强党在社会智库发展过程中的思维引领，其次要尽量减少组织的层级结构，通过召开讨论会、联谊会等形式，促进社会智库内部的交流，增强组织成员的集体意识，并鼓励不同研究小组或研究部门之间互动交流，合作产出研究成果，以此提升社会智库的整体研究质量。如全球化智库的组织结构非常扁平化。全球化智库每周组织全体员工召开工作会议，进行充分交流。此外，全球化智库的信息传递机制呈现网络化、多向性的特征，保证其在开展研究的同时，也能将研究信息传播出去。因此，全球化智库的组织机构呈现扁平化、有机化、高效化特征（苗绿、王辉耀，2016）。此外，要建立健全内部监督机制，加强自我管理，防止组织运作中出现相互比对、恶性竞争、盲目承接项目等乱象，提高治理能力，并将内部运作信息透明化，接受政府、公众的监督，真正成为依法自办、权责明确、运转协调、制衡有效的法人主体（徐家良，2017）。

第四，组织人员：增强社会智库对研究人才的吸引力与提升组织内部成员研究能力相结合。跨学科、复合型、多岗位历练型的研究人才属于社会智库的理想人才，为拥有这些研究人才，一方面靠引入，另一方面靠培育。

从人才引入来看，要做到如下三项工作：其一，增强组织对人才的吸引力。要优化社会智库的硬件设施，优化研究环境，给予研究人才一定的自由度，并在组织能力所及的情况下，给予研究人才较好的待遇水平，提高对研究人才的吸引力。其二，走出组织，广泛宣传。利用线上或线下宣传，增强社会智库的自身影响力，并借以向社会广泛募集研究人才，欢迎具备各类工作经历或各类学科背景的研究人才加入社会智库。其三，努力吸纳具有政府工作经历的退休人员，加入社会智库，扩大社会智库的研究视野和拓展人脉资源。

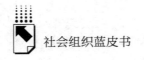

从人才培育来看，可鼓励现有社会智库研究人才参与相关培训，增强其研究经验和研究创新能力，并为其培训予以一定的资金支持。

第五，组织资金：组织资金"开源"与"节流"相结合。资金"开源"是指，一方面，社会智库在综合分析组织内成员构成状况的基础上，直接获取组织内成员的资金支持，或间接通过组织内成员的人脉资源获取资金支持；另一方面，社会智库在综合分析自身参与公共政策研究的优势基础上，主动承接政府研究项目，以此获取资金收益。资金"节流"是指社会智库在运作过程中，要在认真学习西方国家社会智库发展经验的基础上，制定科学化的运作制度，降低内部运作成本，此外，积极与政府、企业，以及社会各方力量进行合作，在提高成果产出质量的同时，降低外部运作成本（徐家良，2017）。

第六，组织研究：社会智库要开展独立性、创新性研究。一方面，社会智库要开展独立性研究，要从观念上摆脱"唯政府观"，要有独立研究的意识和能力，要争取在严密的研究流程中，产出创新性研究成果。另一方面，社会智库要提倡组织内部观点碰撞，组织外部论点争鸣的精神，勇于向政府提出具备可行性和突破性的创新观点，并在扁平化的组织结构中，强化组织内部合作，以此产出更多的创新成果。

（二）政府部门的外部支持

这一部分主要从政府部门的外部支持入手，从改变观念、完善制度、优化管理、组建联盟、搭设平台五个方面出发，针对社会智库的发展问题，提出相应的战略思路。

第一，改变观念：政府应认可社会智库，这是政府提供其他外部支持的前提。从中央政府到地方各级政府应通过召开会议、发布指令等形式，利用多样化的媒体手段，强化政府工作者对社会智库的理性认知，意识到社会智库是中国特色新型智库的重要组成部分，应将其视为化解社会矛盾的重要工具，以及反映民间意见、补充完善政府决策的重要保障（苗树彬，2015），并对其发展给予必要的制度、资源等方面的扶持，为其提供较自由的研究空间，鼓励其产出具有创新性的研究成果。此外，倡导全国各地政府支持本土社会智库发展，以增强中国社会智库的发展活力及作用发挥。

第二，完善制度：营造社会智库发展的良好制度环境。社会智库发展问题需要通过以下三方面的制度手段去破解：一是在充分调研的基础上，选取关键指标，构建社会智库的认定标准和评估机制，以此保障社会智库的有效运作。二是政府部门要制定社会智库动员和扶持制度，并在制度中减少政府干预范围。通过制度手段，积极动员社会智库参与到政策决议项目之中，配以物质或精神手段，不断激励社会智库产出与政策决议相关的优秀研究成果，以此充分发挥社会智库在咨政建言方面的作用，同时给予社会智库信息、人力、财力等各方面资源扶持，并给予一定的研究空间。三是政府部门可通过制定有关社会力量支持社会智库发展的相关意见或决议，扩大社会智库的支持主体，使社会智库能够获取到来自企业、个人或其他类型社会组织的物质捐赠，资助社会智库的建设和发展。

第三，优化管理：建立健全社会智库管理体系。具体而言，一是要遵循引导社会智库稳定健康发展的原则，设计相关的科学化管理机制。二是出台有关科学管控和资源扶持社会智库发展的意见，意见应涉及明确的社会智库管理部门、完善的社会智库准入审核机制、全方位的社会智库评价体系，保证社会智库积极履行社会责任，努力发挥咨政建言功能，并实现自身的健康有序发展。三是为社会智库咨政建言提供有效、便捷的多元化途径，途径可分为线上、线下两种，以此来打通社会智库与政府之间的联系，加深彼此间的政策合作，以实现政策优化。

第四，组建联盟：着力打造新型"智库联盟关系"。当前的社会智库缺少合作意识，往往各自为政，独立运作。尤其是官方智库与社会智库之间，更缺乏有效的沟通与合作渠道。这就导致了社会智库在研究过程中，仅研究自身所属的课题领域，且多偏重于一个侧面，研究内容缺乏深度和广度，影响了社会智库咨政建言的效果。针对上述困境，建议可以由智库主管部门牵头，委托若干个高校智库建立新型"智库联盟关系"，利用高校智库的优势，发挥高校智库联系官方和社会的纽带作用，建立与社会智库的研究、活动、人才等方面的定期交流沟通机制，将官方智库、高校智库的思想力、研究能力、咨政能力与社会智库的传播力、社会影响力、舆论影响力、国际交流能力等相互融合，优势互补，信息共享，从而提升社会智库的决策咨询能力。

第五，搭建平台：构建共享决策咨询服务大数据平台。近年来，中国的信息技术飞速发展，且正式步入了大数据时代。社会智库的发展也依赖于中国的大数据建设，毕竟数据信息是政策研究的基础性资源，能够更深刻和鲜明地反映社会发展趋势和社会发展问题。为此，应构建共享决策咨询服务的大数据平台。具体分为两步：第一步，加强政府的政务信息公开，打破信息壁垒。这样一来，社会智库就享有了与官方智库同等的信息获取权，能够获取足量且真实的政务信息用于政策研究，同时能够丰富大数据平台的数据内容。第二步，社会智库在政务信息充分公开的基础上，正式建立大数据平台。此环节的实施又可细分为两方面的要求：第一，要实现社会智库与官方智库同步，重视大数据、云计算、互联网等现代技术的注入，结合国家"互联网＋"战略，把握网络空间发展的大方向、建设的主导权、安全的主动权，建立健全智库网络信息互联互通机制。第二，要实现社会智库和官方智库合作并举，找准与官方智库的交叉定位，把着眼点定位于落实社会责任，面向基层、社会热点、环境保护、民生祈愿以及国外此领域的相关动态，利用贴近社会、贴近生活、贴近公众的优势，搜集来自社会方方面面的数据资源，通过大数据的采集、云计算的海量数据归并和筛选、整合与共享，通过"互联网＋"的应用模式，为国家提供优质的决策咨询服务，实现智库发展的数据化、信息化创新，跟上时代和国际发展的步伐。

参考文献

苗绿、王辉耀，2016，《社会智库如何利用运营机制创新促进发挥政策影响力》，《中国科学院院刊》第 8 期。

苗树彬，2015，《努力建设高端社会智库》，《中国党政干部论坛》第 1 期。

王栋，2015，《社会智库参与政府决策：功能、环境及机制》，《理论月刊》第 10 期。

王辉耀、苗绿，2014，《大国智库》，人民出版社。

王辉耀、苗绿，2017，《大国背后的"第四力量"》，中信出版集团。

徐家良，2017，《规范和引导社会智库健康发展》，《中国社会组织》第 13 期。

张大卫、张瑾等，2017，《加快构建中国特色新型智库生态圈》，中国经济出版社。

张伟，2017，《新型智库基本问题研究》，中共中央党校出版社。

张伟、赖先进，2017，《中国特色新型智库研究概览》，中共中央党校出版社。

案 例 篇

Case Studies

B.7
广东省体制改革研究会

徐家良　徐 阳*

摘　要：　广东省体制改革研究会主要从事广东省改革发展研究，
向政府部门提供了多项政策建议，同时发布了多项研
究报告。在发展过程中体现明确组织目标与功能、实
施人才强院战略、形成多元力量协同的治理结构、注
重发挥传媒作用提升影响力四个方面的特色。

关键词：　广东省体制改革研究会　广东省综合改革发展研究院
社会团体智库

---

* 徐家良，上海交通大学国际与公共事务学院教授、上海交通大学中国公益发展研究院院长、
上海交通大学中国城市治理研究院研究员，博士生导师；徐阳，华东师范大学公共管理学院
硕士研究生。

一　组织概况

广东省体制改革研究会（简称"广东省体改会"）是广东省体改委在 1988 年创办的政府部门智库。在广东省体改委 2000 年撤销之后，广东省体改会改由广东省政府研究中心主管。2006 年，又改为由广东省社科联主管的社会团体。为增强智库研究的专业性，广东省体改会在 2010 年 9 月创办了专门从事广东省改革发展研究的具有法人资格的社会智库，即广东省综合改革发展研究院。广东省综合改革发展研究院与广东省体改会不同，属于民办非企业单位，且登记管理机关为广东省民政厅。

由广东省体改会创办的广东省综合改革发展研究院，会聚了 50 多名广东省内外著名专家学者，围绕广东省委、省政府的主要工作，具备承接省、市、县（区）改革发展方案，企事业单位发展战略与规划设计，机构改革重组与股份制改革策划，改革发展项目跟踪管理与评估的能力，开展改革理论研究、政策创新研究、产业发展规划决策咨询。而且，广东省综合改革发展研究院还是广东省社会工作委员会的重要合作伙伴，承办广州市南沙新区社会创新咨询委员会秘书处和顺德区经济决策咨询委员会秘书处工作。广东省综合改革发展研究院每年以政策报告的形式，为省、市、县（区）政府部门、企业提供报告成果及其相关咨询服务 30 多项，多项成果获省领导肯定批示，成为政府决策的重要参考。

2008 年广东省体改会荣获"改革开放 30 年广东社会科学理论创新贡献奖"。2009 年被民政部评为"全国先进社会组织"。2012 年广东省综合改革发展研究院获得"广东省第一批省本级具备承接政府职能转移和购买服务资质的社会组织"资质，广东省社会工作委员会将其评为"广东省社会建设创新研究基地"。广东省综合改革发展

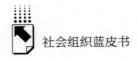
研究院 2015 年荣获民政部"全国先进社会组织"、"全国社科联创建新型智库先进单位"荣誉称号，2017 年被广东省民政厅评定为全省性民办非企业单位 5A 等级。

表 1 广东省体制改革研究会与广东省综合改革发展研究院主要成果

成果类型	成果内容
政策建议	1. 2008 年 9 月，向广东省委领导提交《关于深化广东综合体制改革的若干建议》，广东省委领导采纳了其中的相关建议； 2. 2015 年 1 月，提交《关于举全市之力加快广州"一号工程"——南沙新区开发建设的若干建议》，且在国务院总理视察南沙的第二天就报送省、市和区领导同志，受到各级领导的高度重视，分别做出相应批示
研究报告	1. 2009 年呈报《关于创新体制建立广东核电铀资源保障体系的调研报告》，2010 年 1 月广东省政府办公厅为此召开研究会议，于会后印发相应签报，签报先后得到广东省副省长、省长批示，相关行业政策建议得到采纳； 2. 2011 年提交《以社会组织管理体制改革为突破口加快广东省社会管理体制创新的调研报告》。该报告被广东省委书记及省委常委批转给《中共广东省委广东省人民政府关于加强社会建设的决定》起草组参考，课题成果建议被广东省委、省政府采纳并转化为新出台的政策内容； 3. 2012 年 4 月完成《"政经分离"：南海推进农村体制综合改革的情况与经验——佛山市南海区体制改革调研报告》、《着力构建适应社会主义市场经济的行政与社会管理体制——顺德新一轮综合改革调研报告》。两份报告均由广东省委书记批示，转给相关主管领导同志研究并提议召开现场会，直接促成广东省委在佛山召开"全省推广顺德南海综合改革试点工作现场会"； 4. 发布《南海食品市场监管体制机制创新调研报告》，广东省委书记、省长、常务副省长、副省长先后做了重要批示； 5. 2015 年 3 月主持完成《南海区改革创新小作坊监管模式构建集约闭环式食品安全机制的调研报告》，得到了广东省人大常委会主任、副省长、佛山市副市长批示，为相关条例研究出台提供借鉴和启示； 6. 完成《关于成立中国经济体制改革研究会南方研究中心的研究报告》及其实施方案，获得委托单位的高度认可并付诸实施；2016 年 12 月 25 日，"中国经济体制改革研究会南方研究中心"在广东南方改革论坛上举行揭牌仪式，宣告南方改革智库联盟正式成立

资料来源：根据访谈材料编制。

二 组织特色

广东省体制改革研究会与广东省综合改革发展研究院在发展过程中，形成了独具特色的发展方式，主要表现在明确组织目标与功能、实施人才强院战略、形成多元力量协同的治理结构、注重发挥传媒作用以提升影响力四个方面。

（一）明确组织目标与功能

广东省体制改革研究会与广东省综合改革发展研究院以成为政府决策者政策理念的重要来源为发展目标，发挥政府公共政策议题评论者、议案运作检审者、政府职能转移承接者的智库功能，不断探究传播改革发展的知识理念，使政府决策者接受研究成果，形成促进意见交换和政策讨论的平台，对政府公共政策议题、议案运作提出自己独特的观察和意见，面向政府、企业、社会组织提供各类咨询服务。

（二）实施人才强院战略

广东省体制改革研究会与广东省综合改革发展研究院通过有效综合政府机关外围的人才资源，培养锻炼一大批创新型人才和政策、发展战略的制订者，建立政府、企业甄选专家的人才库。积极发挥"旋转门"机制，使一些退居二线的政府高级官员或在政府部门工作过的人员，在这里继续开展社会服务。

（三）形成多元力量协同的治理结构

广东省体制改革研究会全力打造中国改革智库一流品牌，依托自身平台构建广东改革智库。广东省体制改革研究会于2010年9月创办民办非企业单位广东省综合改革发展研究院，与广州大学联合组建

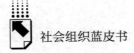

广州大学广东发展研究院，在此基础上形成研究领域全面、结构布局合理的广东改革智库。

（四）注重发挥传媒作用以提升影响力

广东省体制改革研究会与广东省综合改革发展研究院扮演着围绕改革发展方面的公共政策和重大事件的解释、评论、参谋角色，其着眼于提供专业观点和全面阐释，帮助人们深入了解政策背景、公共议题，提出多重选择和建议。因此广东省体制改革研究会与广东省综合改革发展研究院的观点，不断成为新闻媒体资料引述的权威来源。

B.8
中关村产业技术联盟联合会

摘 要： 中关村产业技术联盟联合会是中国首家会员单位为产
业技术联盟并具备社会团体法人资格的科技类创新型
社会组织。该联合会向政府提出了诸多政策建议，且
参与政府合作。在发展过程中，体现治理结构扁平化、
咨政建言渠道通畅稳定、智库建设方式多元、重视党
建工作、通过资助和激励举措驱动创新五个方面的特
色。

关键词： 中关村产业技术联盟联合会 社会团体智库 治理结构

一 组织概况

中关村产业技术联盟联合会成立于 2009 年，2014 年成功注册为
社会团体法人，其指导单位是北京市社会建设工作办公室、北京市民
政局和北京市中关村管理委员会，是中国首家会员单位为产业技术联
盟并具备社会团体法人资格的科技类创新社会组织，也是中关村国家
自主创新示范区重点扶持的两大枢纽型社会组织之一。

---

* 徐家良，上海交通大学国际与公共事务学院教授、上海交通大学中国公益发展研究院院长、
上海交通大学中国城市治理研究院研究员，博士生导师；苑莉莉，上海社会科学院社会学研
究所助理研究员，上海交通大学国际与公共事务学院博士后。

中关村产业技术联盟联合会的会员包括北京长风信息技术产业联盟、中关村储能产业技术联盟等170余个活跃在中关村的产业技术联盟，主要涉及前沿信息产业、生物健康产业、智能制造和新材料产业、生态环境与新能源产业、现代交通产业和新型服务业等领域。这170余个产业联盟的会员包括联想、百度、华为、小米在内的高新技术企业一万余家，以及清华大学、北京大学、中国科学院在内的数百家高校科研机构和一些社会组织。

中关村产业技术联盟联合会在平台搭建、标准化建设、核心技术突破、品牌活动和课题研究等方面做了许多工作，搭建各类市场化、社会化、专业化公共服务平台600余个；TD、闪联、长风、WAPI、智能交通、半导体照明等32个产业联盟被认定为国家首批团体标准试点单位；产业联盟及成员单位共实现核心技术突破1000余项，制定国际、国内标准400余项；平均每年开展特色品牌活动200余场，开展国际化相关活动50余场；开展课题研究300余项，制定产业发展规划、路线图12个，发布产业研究报告100余个。在上述成果的基础上，也产生了不少有影响力的咨政建言，其中最具创新性、突破性的政策建议就是2012年成功推动联盟法人注册试点，中关村的产业技术联盟可以注册为社会团体法人。

表1　中关村产业技术联盟联合会主要活动

活动类型	活动内容
争取联盟参政的机会	1. 提供联盟参与政府相关研讨会和论证会机会,为政策制定及项目策划建言献策; 2. 建议政府通过购买服务的方式,委托符合资质要求的联盟参与政府部分工作; 3. 联盟作为产业集群组织,及时将企业需求反馈政府,并为政府提供更多的产业数据、研究成果等,为政策制定决策提供依据; 4. 建议政府开展联盟法人注册相关试点工作

活动类型	活动内容
对政府工作政策的建议	1. 建议政府委托有实力的联盟牵头,协助开展在标准、商标、专利等知识产权领域的研究; 2. 建议政府通过建立邮件列表、微信群等方式拓宽信息沟通渠道; 3. 政府在制定重大决策时,可委托联盟组织产学研各界针对相关主题展开深入研讨,反复论证,征求相关意见,为政府决策制定提供依据,同时可委托联盟开展决策落实
联盟与政府合作业务	1. 建议政府建立科技人才志愿者服务平台,并委托联合会通过联盟落实此项工作; 2. 建议政府引导、支持联盟参与"一带一路"相关合作,并给予相应支持

资料来源:根据访谈材料编制。

二　组织特色

中关村产业技术联盟联合会在发展过程中,形成了扁平化的组织治理结构、通常稳定的咨政建言渠道、多元化的智库建设方式、全覆盖的党组织建设工作,并得到了国家的支持和激励,同时通过建立了多重服务平台,较好地发挥了枢纽型社会组织的服务功能,且有力地推动了中国的产业技术创新和发展,成为中国不可或缺且独具特色的社会智库。

(一)治理结构扁平化

为了高效化运作,除了特别专业的项目如全国双创周等活动,联合会的工作多是通过中关村产业技术联盟联合会各部门成员一起开会研讨,总部有10~20人统筹兼顾各类项目运作和平台搭建,建立联盟评估体系制定相关管理制度和规范,以制度化运作来确保整个组织的有序发展。

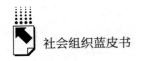

（二）咨政建言渠道通畅稳定

中关村产业技术联盟联合会主要通过两条主线、三大部门的咨政渠道保障有效完成并提交相关政策建议，具体过程是：联盟内部将各处提交的建言成果经理事联盟初步筛选之后，由分管部门分别提交给北京市委社会工作委员会、北京中关村管委会、北京市民政局，确保相关政策建议及时上达。

（三）智库建设方式多元

一是打造专家数据库，对于联盟内行业精英人才需求进行精准对接；二是打造国内外专家交流对接平台，侧重高级技术工人之间的对接；三是推动企业与高校合作，以沙龙的形式打破学科界限；四是人力资源建设，促进中国东西部人才回流共建家乡。

（四）重视党建工作

中关村产业技术联盟联合会最初没成立党支部，2015 年在清华科技园的支持下，中关村产业技术联盟联合会党支部成立，且隶属于清华科技园企业联合党委之下。支部内的党员既包括联盟联合会的党员，也包括一些联盟会员的党员。党支部成立后，开展了大量党建工作，在团结和统战社会各阶层人士方面起到了重要作用，但是党支部的发展也受到一些限制，特别是新增党员数量受到指标的限制，难以补充新生力量。为了解决这些问题，在北京市委社会工作委员会的支持下，中关村产业技术联盟联合会联合 40 多个联盟共同成立中关村产业技术联盟联合会社会组织党建工作委员会，并设党建指导员，对开展党建工作较好的党组织提供党建工作岗位经费，对党员人数较少，仅有流动党员等情况的联盟，批准成立党建工作小组，保证党的组织和党的工作全覆盖。

（五）通过资助和激励举措驱动创新

中关村产业技术联盟联合会的经费和资金支持主要来自建设经费、专项经费。为推动其发展，北京市出台多项有利于联盟发展的措施，鼓励联盟对接国家重大专项，支持联盟承接中关村重大示范项目，推动联盟向标准创新迈进和鼓励联盟进行组织和机制创新。在此基础上，中关村产业技术联盟联合会发挥枢纽型社会组织的作用，为联盟提供多种服务，搭建各类服务平台，如党建工作平台、国际合作平台、融合平台、人才交流服务平台，协助开展联盟评估和专项评审，组织联盟开展协同创新，开展社会公益活动，加强联盟对外宣传。

B.9
中信改革发展研究基金会

徐家良　苑莉莉*

摘　要：　中信改革发展研究基金会通过资助行为推动社会科学各领域研究，以产出影响公共政策的研究成果。在组织发展过程中，体现通过社会智库的精准定位引领发展方向、独具优势的科研队伍、独具特色的治理结构、职能作用多维化、加强与其他智库的协同、加强践行中国道路的理论建设、助力中国学派成长七个方面的特色。

关键词：　中信改革发展研究基金会　基金会智库　协同治理

一　组织概况

2014 年 8 月，中信改革发展研究基金会（以下称"中信基金会"）经国务院批准成立，在民政部登记，是由中国中信集团有限公司主管的非公募基金会，初始资金 5000 万元，主要来源于企业和个人捐赠，由 23 名理事组成理事会。中信基金会的宗旨为：配合党和国家重大决策和部署，围绕社会科学各领域重大问题特别是中国特色

---

* 徐家良，上海交通大学国际与公共事务学院教授、上海交通大学中国公益发展研究院院长、上海交通大学中国城市治理研究院研究员，博士生导师；苑莉莉，上海社会科学院社会学研究所助理研究员，上海交通大学国际与公共事务学院博士后。

社会主义发展道路和发展模式等深入开展专题研究，发挥带动效应，有效引导群众思想。中信基金会不同于以往资助型扶贫济困类的基金会，是一家由央企兴办的致力于社会科学各领域研究的智库型基金会。

中信基金会业务范围为：开展和资助有关社会科学各领域重大命题特别是中国特色社会主义发展道路和发展模式等方面命题的研究、学习和宣传活动；组织和资助包括国家治理、社会治理、公司治理等社会科学各领域重大问题的各种学术交流活动和会议；资助有关社会科学各领域重大命题的研究项目和研究机构；资助有关社会科学各领域重大问题的学术著述的编写和出版；资助经理事会批准的、与社会科学各领域重大问题有关的其他各类活动；资助其他公益活动；等等。

中信基金会自成立以来，认真履行宗旨，求真务实，勇于开拓，努力工作，共开展课题研究178项，举办各种研讨会（座谈会）90次，举办"中信大讲堂·中国道路"系列讲座40期，改版发行《经济导刊》50期，出版《中国道路丛书》25部，参与举办"丝路论坛"大型活动1次，制作视频节目4个，在咨政建言、理论创新和引导舆论等方面取得一定成果，并多次得到中央领导的肯定。

二　组织特色

中信基金会在发展过程中，展现7种组织特色：社会智库的精准定位，引领发展方向；独具优势的科研队伍；独具特色的治理结构；功能作用立体化；加强与其他智库的协同；加强践行中国道路理论建设；助力中国学派成长。

（一）社会智库的精准定位，引领发展方向

根据2015年中共中央办公厅、国务院办公厅印发的《关于加强

中国特色新型智库建设的意见》，按照建设专业化高端智库的要求，走"专、精、尖"的发展道路，中信基金会依托中信集团深厚的实践基础和独特优势，把主攻方向凝练为：国有企业改革和发展问题研究以及相关的国民经济发展各领域问题研究，国家战略实施问题研究，和中国特色社会主义政治经济学研究。2017年中信基金会被确定为国家高端智库培育单位。中信基金会努力打造独具特色的国家级综合性民间智库，通过深入研究中国改革发展的重大问题，提出符合国情的政策建议，充分发挥"偏师"的作用。

（二）独具优势的科研队伍

中信基金会团结和凝聚了大批各领域的高水平专家学者，邀请了一批德高望重的退休专家和国企老领导作为基金会的顾问，为基金会的发展贡献智慧。目前中信基金会建立了包括154名咨询委员（资深研究员）和140多名青年学会会员（研究员）共约300名科研人才的队伍。其中，资深研究员平均年龄57岁，研究员平均年龄39岁。这支队伍来自中信集团内外，涉及专业领域广泛，既有理论专家，又有实务行家，具有跨学科、跨年龄和跨界的独特优势。

（三）独具特色的治理结构

中信基金会设有基本职能部门和专业研究部门：理事会办公室、项目办公室、联络办公室、信息办公室、中国道路丛书工程办公室、财务部等。还设有基金会顾问、咨询委员会、青年学会、中信改革发展研究院、国企研究中心、社会调查中心等学术科研机构。中信改革发展研究院下设文学、史学、哲学学部，经济和管理学学部，政治学学部，法学学部，社会学学部，新闻传播学学部，战略和国际学学部七个学部，聘请相关领域的顶级专家为资深研究员和研究员，其中很多成员是中国学派的优秀代表，是我国各学术领域的名师、大家或青年才俊。同时，中信基金会为保证自身治理结构的稳定性，努力创新组织管理机制。根据国家有关智库管理和社科基金管理规定，结合实际，中信基金会制定实施了课题项目管理办法和财务管理办法等规章制度，并在实践中不断完善，提高办事效率，有效调动了专家学者的积极性。

（四）职能作用多维化

中信基金会的职能作用主要有三个。一是研究问题的平台。中信基金会为专家学者打造一个交流互动的平台，一起助力中国的发展。3 年多来，中信基金会根据形势和任务，以问题为导向，举办研讨会、座谈会等学术交流活动 80 多次，组织相关领域的优秀专家学者就相关问题开展跨学科、跨年龄、跨界的研究，提高研究质量。二是对外发声的窗口。通过出版《经济导刊》杂志，出版"中国道路丛书"，可以及时传播研究成果和正面发声。《经济导刊》受到学界和社会的广泛关注，被中宣部认定为主流期刊，在国家新闻出版广电总局重新认定全国学术期刊工作中被列入第一批认定公布的学术刊物名单。从 2015 年 3 月起，举办"中信大讲堂·中国道路"系列讲座，探讨中国发展问题，支持中国学派的建设，打造具有国家影响力的高端知识舆论传播平台。主讲人主要由中信基金会咨询委员承担，受众为全国知名高校的师生及各界专业人员，到目前为止已举办了 40 期。三是建言献策的渠道。中信基金会及时把一些意见和建议向有关部门反映。入选国家高端智库培育单位之后，相关成果还可以通过国家高端智库联络处报送。

（五）加强与其他智库的协同

中信基金会虽然依托于中信集团，被中国社会科学院 2017 年中国核心智库名单列为企业智库，但事实上，基金会有自己独立的运作

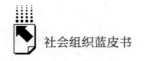

方式，注重加强与外部单位的协同，与其他智库开展多层次的学术交流：与丝路规划研究中心共同举办了"中俄产业投资合作系列研讨会"；加入国资委牵头成立的央企智库联盟，牵头开展金融与实业协同发展竞争力研究；与中国社会科学院合作，联合举办学术活动和开展课题研究；与清华大学新闻与传播学院联合举办首届中国特色新闻学高级研讨班；与浙江出版集团举办人民公开课研讨会；与中国城市促进会共同研讨新型城镇化建设；与观察者网共同主办中美关系圆桌对话；等等。

（六）加强践行中国道路的理论建设

中信基金会筹划组织"中国道路丛书"的编辑出版，旨在发展以当代中国实践为基础，并源于中国历史，具备全球视野，志在创新中国本土理论和构建中国话语体系的中国学派，鼓励和支持其围绕当代中国的发展与治理实践进行跨学科研究和交流，加大对中国学者原创性理论的应用与传播力度，促进和增强中国学派的可持续发展能力，坚持道路自信、理论自信、制度自信和文化自信，把"中国道路丛书"作为长期的理论基础建设工程。"中国道路丛书"目前已出版25种著作。

（七）助力中国学派成长

中信基金会成立之初即提出发展中国学派，把推动适应新时代中国特色社会主义实践和理论发展的中国学派建设作为重要使命。中国学派根植于中国深厚的历史和文化，立足于中国本土的实践基础，从中国自己的需求、视野出发，具有中国气派、中国风格，推动和实现思想创新、理论创新、话语创新。中国学派不是只研究中国的学派，还要研究世界，但是强调以中国为立足点、为出发点、为归宿。基于对中国学派的认识，中信基金会于2017年9月启动了"中国学派集成"系列丛书的出版工作，力求系统地出版中国学派代表人物的成果，为中国学派的成长提供助力。

中信基金会依托中信集团的综合优势，积极开展社会科学各领域的研究，形成独具特色的运行机制，取得一定成果，是中信集团履行政治责任的新的探索。

B.10
北京市朝阳区自然之友环境研究所

徐家良　苑莉莉*

摘　要： 北京市朝阳区自然之友环境研究所关注环境问题，积极参与有关环境保护的公共政策研究，发展过程中形成了"三位一体"的系统化运作模式、专设咨政建言部门和工作组、组织结构分工与合作并存、慈善信托的筹资方式四个方面的特色。

关键词： 北京市朝阳区自然之友环境研究所　社会服务机构智库　运作模式

一　组织概况

1994 年北京市朝阳区自然之友环境研究所（下称自然之友）以中国文化书院绿色文化分院二级社团形式注册，是中国最早成立的民间环保组织之一。目前在北京有三个工作实体：自然之友环境研究所（2010 年）、自然之友公益基金会（2013 年底注册，2014 年正式成立）和自然之友·盖娅自然学校（2014 年成立），其中自然之友环境研究所致力于公众行动和法律与政策倡导，主要工作是提起环境公益

---

* 徐家良，上海交通大学国际与公共事务学院教授、上海交通大学中国公益发展研究院院长、上海交通大学中国城市治理研究院研究员，博士生导师；苑莉莉，上海社会科学院社会学研究所助理研究员，上海交通大学国际与公共事务学院博士后。

诉讼、参与立法和政策制定等。据不完全统计，2011～2017 年，自
然之友环境研究所已经提起环境公益诉讼 32 起，其中水污染 6 起、
大气/工业固废污染 11 起、土壤污染 8 起、生态破坏 7 起。2016 年自
然之友环境研究所参与 20 部公共政策的制定，主要是在固体废弃物
管理、大气污染防治、土壤污染防治等领域的立法。在《中国智库
大数据报告（2016）》的智库综合排名中，北京市朝阳区自然之友环
境研究所位居全国 510 个智库的第 16 位。

表 1　北京朝阳区自然之友环境研究所主要成果

成果类型	成果内容
法律制度	1. 参与立法。北京朝阳区自然之友环境研究所参与《中华人民共和国森林法》、《中华人民共和国水污染防治法》、《中华人民共和国海洋环境保护法》、《中华人民共和国野生动物保护法》、《中华人民共和国环境影响评价法》、《中华人民共和国环境保护税法》、《中华人民共和国慈善法》、《中华人民共和国中医药法》、《中华人民共和国文物保护法》、《中华人民共和国境外非政府组织境内活动管理法》、《中华人民共和国土壤污染防治法（草案）》、《中华人民共和国大气污染防治法》、《中华人民共和国环境保护法》等法律的制定工作,发挥了一定的作用; 2. 参与管理办法编制。北京朝阳区自然之友环境研究所参与《环境保护公众参与办法》、《建设项目环境影响评价公众参与办法》、《污染地块土壤环境管理办法(试行)》、《企业事业单位环境信息公开办法》等管理办法编制,发挥了一定的作用
政策建议	1. 参与规划方案制定后的成果产出。比如《能源发展"十三五"规划》、《"十三五"全国城镇垃圾无害化处理设施建设规划》等; 2. 城市建设的方案提议。比如《垃圾强制分类制度方案(征求意见稿)》、《废电池污染防治技术政策》等

资料来源：根据访谈材料编制。

二　组织特色

北京朝阳区自然之友环境研究所在发展过程中，强调组织运作的

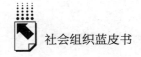

专业性、高效性、创新性，主要体现以下四种组织特色："三位一体"的系统化运作模式，专设咨政建言部门和工作组，组织结构分工与合作并存，慈善信托的筹资方式。

（一）"三位一体"的系统化运作模式

北京市朝阳区自然之友环境研究所与其形成的自然之友基金会、盖娅自然学校，为三个工作实体，虽然三者在功能上有所区分，但彼此相辅相成，共同目标都是解决中国环保类问题。2010年自然之友环境研究所以民办非企业单位的形式在朝阳区民政局独立注册，业务主管单位是北京市朝阳区科学技术委员会，专注环保类问题的研究。为了提供自然之友环境研究所运作中所需的资金，2014年成立了自然之友基金会。同时，还成立盖娅自然学校同步开展自然教育，一定程度上也扩大了自然之友环境研究所的组织影响力。

（二）专设咨政建言部门和工作组

为了更好地发挥咨政建言的功能，自然之友环境研究所在2014年单设政策倡导部，有9名工作人员（6名全职、3名兼职）。政策倡导部实行项目负责制，致力于公益诉讼、网络建设和参与立法。2017年，在政策倡导部基础上成立政策倡导小组，小组有5～6名专职工作人员，利用媒体传播、政策研究、环境科学和社会学等专业知识，通过政策倡导来解决环境问题。参与政策制定的主要方式有三类：一是主动参与社会立法和政策倡导，尤其是抓住各类公开征求意见的机会，通过邮件和书面材料提交环保类政策建议；二是政府购买课题服务，如环保部购买服务课题；三是通过媒体新闻报道和出版各类出版物，间接影响政府政策。

（三）组织结构分工与合作并存

北京市朝阳区自然之友环境研究所的组织结构呈现分工加合作并

存的模式，体现组织结构的灵活性。组织运作实行总干事负责制，组织下设各部门（政策倡导部、公众行动中心、会员与筹款部、传播部、运营部）负责人作为中层管理人员，在部门内部实行项目负责制。此外，北京市朝阳区自然之友环境研究所每两周会召开联席会议，打破组织壁垒，实现组织互通，以扁平化的结构形式统筹协调员工的工作，便于形成集体的凝聚力。

（四）慈善信托的筹资方式

北京市朝阳区自然之友环境研究所参与了环保类慈善信托的设立，注重采取公益金融的新兴方式推动环保事业的发展。"长安慈——环境保护慈善信托"，是中国首单以环境污染企业赔偿款为慈善委托资金的环境保护慈善信托，受托人为长安国际信托股份有限公司，北京市朝阳区自然之友环境研究所担任公益顾问，合一绿学院负责招标执行。如此一来，就可以通过慈善信托这种新兴方式推动环保公益的实现。

北京市朝阳区自然之友环境研究所成立 10 多年来，共向全国、地方人大、政协提交 230 份提案、议案，参与超过 80 部生态环境法律、法规的制定，共提交约 1160 份环境信息公开申请，积累了丰富的经验，用实际行动践行着"绿色"的社会主义核心价值观。

B.11

察哈尔学会

徐家良　王昱晨　孙晓冬*

摘　要： 察哈尔学会着重于国际关系领域的研究，产出以《公共外交季刊》、《察哈尔公共外交丛书》和《公共外交概论》为代表的出版物与以《察哈尔报告》为代表的研究报告，同时，举办了以察哈尔圆桌会议为代表的研究会议，并在发展过程中形成了以公共外交为重点方向、注重发挥智库国际影响力、打造高质量的专业传播机构三个方面的特色。

关键词： 察哈尔学会　社会服务机构智库　公共外交

一　组织概况

察哈尔学会成立于 2009 年 10 月，是一个由民间资本成立的非官方、无党派、独立思想库，组织性质属于民办非企业单位，登记管理机关为尚义县民政和民族宗教事务局。该组织的总部设在河北省尚义县察哈尔牧场，除在北京设办公室外，察哈尔学会在上海、香港、拉萨、韩国首尔、毛里求斯路易港也设立了办公室。察哈尔学会着重于

* 徐家良，上海交通大学国际与公共事务学院教授、上海交通大学中国公益发展研究院院长、上海交通大学中国城市治理研究院研究员，博士生导师；王昱晨，上海交通大学国际与公共事务学院博士研究生；孙晓冬，太原理工大学讲师。

国际关系领域的研究，研究内容涉及中国在政治、经济、文化、社会等方面问题与他国的关系维系和对话合作。同时，为社会各界人士共商"中国参与国际对话与合作"及其相关议题提供了一个优质平台。自察哈尔学会创立以来，学会凭借自身在国际关系领域研究方面的专业能力，成为中国政府处理中国外交事务的重要智囊机构之一，且已经对朝鲜半岛事务、宗教外交、人权与涉藏外交等方面事宜的决策产生了重要的影响。2016 年，美国宾夕法尼亚大学全球智库与公民项目（TTCSP）发布《全球智库报告 2015》，察哈尔学会进入《全球智库报告 2015》中的四个排行榜：在全球对外政策与国际事务顶级智库排行榜中居第 108 位（共 133 个），在全球最佳独立智库排行榜中居第 45 位（共 144 个），在中印日韩顶级智库排行榜中居第 55 位（共 65 个），在中国顶级智库排行榜中居第 20 位（共 35 个）。2017 年，国家信息中心"一带一路"大数据中心发布《"一带一路"大数据报告（2017）》，察哈尔学会在该报告"一带一路"社会智库影响力排行榜中名列第 3 位，被评为我国最具有影响力的社会智库之一；同年 11 月 10 日，由中国社会科学院中国社会科学评价研究院主办的

表 1　察哈尔学会主要成果一览

成果类型	成果内容
研究刊物	1.《公共外交季刊》由全国政协外事委员会和察哈尔学会创办，旨在关注并分析国内外公共外交走势和动态，已有多名高级政府官员及知名专家教授在该刊上发表署名文章。2011 年和 2012 年，在全国两会的工作报告中两次提及《公共外交季刊》； 2.《察哈尔公共外交丛书》是由察哈尔学会于 2011 年推出的一套关于公共外交研究的丛书，旨在推进公共外交的理论研究和战略研究，目前已出版《软战时代的中美公共外交》、《美国对华公共外交战略》、《中日传播与公共外交》等； 3.《公共外交概论》是由察哈尔学会组织相关专家学者编写的中国第一本有关公共外交的教科书，该书的第一版于 2011 年 3 月出版，2012 年推出《公共外交概论》第二版

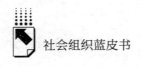
成果类型	成果内容
研究报告	《察哈尔报告》是察哈尔学会的重要智库产品之一，每份报告针对一个主题，主要关于中国国际决策和重大战略，比如"一带一路"倡议，至今已出版至第6期。此报告在编纂过程中，由察哈尔学会秘书处组织或与其他机构合作组织专门的课题组进行文献与实地调研，邀请相关专家学者对报告初稿进行评审并提出修改建议，最后以学会名义或合作伙伴共同名义对外发布。经多家知名新闻机构报道转载报告内容
研究会议	察哈尔圆桌会主要是由察哈尔学会主办，有时会由其他组织协办，其形式是围绕中国的国际关系议题开展圆桌讨论，且流程如下：首先是1~2位知名人士的主旨发言，其次是4~5位专家对主旨发言的点评，最后是在场人的互动交流。同时，察哈尔圆桌会在每期邀请10位左右的媒体记者参与圆桌讨论环节，并对圆桌会议进行报道

资料来源：根据访谈材料编制。

第四届全国人文社会科学评价高峰论坛在京举行。论坛上，中国社会科学评价研究院发布《中国智库综合评价 AMI 研究报告（2017）》，察哈尔学会作为社会智库入选核心智库榜单。2018 年 2 月 27 日韩国授予察哈尔学会会长韩方明"大韩民国外交贡献勋章"，这充分证明了外交影响力。

二　组织特色

察哈尔学会以公共外交为其研究方向，拥有一批多元化精英智库成员，产出了许多优秀的科研成果，在国内享有盛名；配合国内外网络平台建设、中外专家双向交流等方式，该组织又获取了一定的国际声望。加之，它还成立了高质量的专业传播机构，进一步增强了其国际影响力，也为其更好地推动中国外交事业的发展提供了坚实基础。以下为察哈尔学会在发展过程中体现的主要组织特色。

（一）以公共外交为重点方向

察哈尔学会将公共外交细分为城市外交、企业外交和宗教外交三大重点领域。在城市外交方面，察哈尔学会每年会聚专家研究团队，相继为张家口、扬州、温州等城市公共外交和城市国际形象的传播出谋划策，提供城市外交的决策性建议。在企业外交方面，察哈尔学会每年都为企业提供企业外交的咨询、建议与研究报告，比如，为长江商学院校友会企业进行企业外交咨询，为中国电建等企业提供公共外交研究报告，开展中国企业海外利益保护研究。在宗教外交方面，察哈尔学会参加相关重大会议，发挥影响力，与一批重要宗教界人士建立了良好的合作关系。

（二）注重发挥智库国际影响力

一是进行智库成果的国际化传播，察哈尔学会的研究成果除了中文版之外还会提供有利于外国智库专家阅读和国际媒体报道的英文版，建立了英文版的官方网站进行国际传播；二是开展智库专家的双向交流，察哈尔学会一方面通过吸引世界知名学者的加盟使智库研究更具国际视野；另一方面强调智库对外访问交流、建立合作机制，开展国际合作项目研究，举办国际会议，提升智库全球知名度。

（三）打造高质量的专业传播机构

2016 年 10 月察哈尔学会成立国际传播委员会，作为察哈尔学会的常设机构，其委员均由国内外传媒界资深媒体人和学者担任。国际传播委员会的成立有助于进一步提升学会思想产品的国际化传播，掌握国际议题的话语权，为打造全球公共外交核心机构、国际社会中具影响力和知名度的外交与国际关系智库进行舆论传播领域的深度服务。

B.12

广东亚太创新经济研究院

徐家良　王昱晨　徐　阳*

摘　要： 广东亚太创新经济研究院围绕国民经济与创新发展的前沿问题，建立了创新的经济研究体系，重点推进交通经济领域、创新经济领域、服务经济领域、区域经济领域的学术创新与研究成果转化，发挥其咨政建言功能。同时，在发展过程中，形成了清晰明确的发展战略、打造高素质的研究团队、与多方力量建立合作伙伴关系、致力于打造若干优势领域四个方面的特色。

关键词： 广东亚太创新经济研究院　社会服务机构智库　发展战略

一　组织概况

广东亚太创新经济研究院成立于 2013 年，由广州市商道咨询有限公司（下称商道咨询）与海内外专注创新经济领域研究的专家学者共同发起组建的民办非企业单位，属于广东省 4A 级社会组织，其登记管理机关为广东省民政厅。广东亚太创新经济研究院创办于 2002 年，其

---

* 徐家良，上海交通大学国际与公共事务学院教授、上海交通大学中国公益发展研究院院长、上海交通大学中国城市治理研究院研究员，博士生导师；王昱晨，上海交通大学国际与公共事务学院博士研究生；徐阳，华东师范大学公共管理学院硕士研究生。

发起单位为广州市商道咨询有限公司。历经 15 年，亚太创新经济研究院已为超过 500 个地方政府、企业、产业园区与社会组织提供了专业的区域发展战略、产业规划、政策研究、项目策划、投资咨询等咨询服务，致力于推动优质项目落地实施。广东亚太创新经济研究院坚持以服务公共管理决策、推进产业升级为己任，面向国民经济和社会发展中的战略性、前瞻性及热点课题，建立创新经济研究体系，重点推进交通经济领域、创新经济领域、服务经济领域、区域经济领域的学术创新与研究成果转化；深化产学研用合作机制创新和人才培养机制创新，推动行业标准和规范制定，致力于打造中国领先、世界一流的社会智库。广东亚太创新经济研究院是中联部"一带一路"智库合作联盟理事单位、广东省首批重点智库、广东省决策咨询研究基地产业经济研究中心，并入选了"2017 中国核心智库"、"中国智库索引 CTTI 首批来源智库"，被评为"2016 年度全国社科联先进学会"。从成立至今已获得 30 余项国家、省、市的资质荣誉，主持的 40 余项研究成果作为图书或刊物出版，50 余项研究成果获得学术奖项，500 余项成果被采纳，全面推动城市发展与产业转型。

表 1　广东亚太创新经济研究院智库活动

优势领域	典型项目与委托单位
交通经济	佛山顺德区轨道交通产业发展研究(由佛山市顺德区轨道交通投资有限公司资助)、新一轮泛珠三角合作中广州南站商务区功能定位和发展战略课题研究(由广州市番禺区人民政府资助)、广州空港经济区产业发展规划(由广州空港经济区管理委员会资助)
创新经济	国家高技术产业基地评价研究(由广州发展和改革委员会资助)、广州市人工智能产业发展研究报告(由广州市工业和信息化委员会资助)、广州市创建国家循环经济示范城市实施方案(由广州市工业和信息化委员会资助)
服务经济	广东省"十三五"服务业发展战略与发展思路研究(由广东省发展和改革委员会资助)、国家检验检测高技术服务集聚区(广州)发展规划(由广州市质量技术监督局资助)、广州建设国际会展中心城市发展规划(由广州市商务委员会资助)

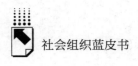

优势领域	典型项目与委托单位
区域经济	重点新兴市场系列（六国）研究报告（由广东省国际经贸发展中心资助）、重庆市沙坪坝区主动融入"一带一路"建设和长江经济带建设战略研究（由重庆沙坪坝区发展和改革委员会资助）、广东省开放型经济发展"十三五"规划（由广东省商务厅资助）

资料来源：根据访谈材料编制。

二　组织特色

广东亚太创新经济研究院具有清晰明确的发展战略、打造高素质的研究团队、多元化的合作伙伴，并致力于打造若干优势研究领域。这四点特征正是目前广东亚太创新经济研究院在发展过程中凸显的组织特色，且这些组织特色也成为广东亚太创新经济研究院保证交通经济、创新经济、服务经济、区域经济这四方面研究数量和研究质量的基础和前提。

（一）清晰明确的发展战略

通过实施"走出去"、"引进来"的国际化战略，以国际智库标准建设发展；在智力和研究上，资源的调配立足于产业智库战略定位，机制体制更具备市场意识和市场活力；形成高价值的思想和产业智库研究成果；管理规范化贯穿成果转化、人力资源、项目管理、质量管理等智库建设体系。

（二）打造高素质的研究团队

广东亚太创新经济研究院致力于构建研究理论与知识体系，加速推动亚太范围区域经济、城市经济、产业经济的创新发展。研究院实行理事会领导下的院长负责制，设有学术委员会和专家委员会，下设秘书处、交通经济所、创新经济所、服务经济所，专职研究人员 50人，其中拥有博士、硕士学历（含中高级职称）人员占比超过 90%。签约顾问、特约研究员包括院士、教授等海内外学者共计 3000 余人。

（三）与多方力量建立合作伙伴关系

在与政府合作方面，广东亚太创新经济研究院为各级政府部门提供宏观问题研究、产业规划、行业研究及政策建议等服务。在与产业园区合作方面，广东亚太创新经济研究院为产业园区提供策划方案、建设规划、政策研究及绩效评价等服务。在与企业合作方面，广东亚太创新经济研究院立足企业优势，秉承为企业创造最大价值的原则，为企业提供战略研究、开发方案、项目策划和投资促进等服务。

（四）致力于打造若干优势领域

广东亚太创新经济研究院致力于打造若干优势领域。一方面，以创新经济研究为主线，聚焦交通经济、创新经济、服务经济三大专业版块，并为区域经济发展提供战略指导；另一方面，面向政府、口岸及周边区域管理运营机构、园区开发企业等，提供交通经济区域规划、产业规划、政策研究、园区规划、项目策划与可行性研究等智力服务。至今，已先后承接 20 余项交通经济方面的研究课题，积累大量的研究资料与案例，是全国交通经济领域权威的专业咨询机构之一，在服务业领域也已积累百余项成功案例。

B.13
上海华夏社会发展研究院

徐家良　苑莉莉　王昱晨*

摘　要： 上海华夏社会发展研究院关注社会建设过程中的诸多公共政策问题，产出以测评体系、研究报告、服务平台、研究刊物为代表的研究成果，并形成了聚焦社会发展领域研究、协助政府设计科学规范的评价指标和测评体系、产出有关中国社会现代化研究的多样成果、开展多年的实地调研与测评、"互联网＋"时代的数据库建设五个方面的特点。

关键词： 上海华夏社会发展研究院　社会服务机构智库　评估指标

一　组织概况

上海华夏社会发展研究院（以下简称"华夏发展研究院"）成立于 1994 年 12 月 17 日，是上海市民办社科研究机构，其前身是浦东华夏社会发展研究院。华夏发展研究院坚持"小机构、大网络"

---

* 徐家良，上海交通大学国际与公共事务学院教授、上海交通大学中国公益发展研究院院长、上海交通大学中国城市治理研究院研究员，博士生导师；苑莉莉，上海社会科学院社会学研究所助理研究员，上海交通大学国际与公共事务学院博士后；王昱晨，上海交通大学国际与公共事务学院博士研究生。

的发展思路，现聘请专职研究人员 35 人，同时聘请北京、上海、浙江、江苏、四川等省市 70 余名中青年学者任华夏发展研究院特约研究员，聚集了一批社会科学领域的精英。华夏发展研究院下设：都市文化研究所、社会现代化研究中心、城市文明与评估研究中心、可持续城镇化研究中心，实行董事会领导下的院长负责制。2016 年先后建立华夏发展研究院海口、昆明研究基地。2005 年 12 月、2013 年 4 月，华夏发展研究院先后两次被上海市民政局、上海市人事局、上海市社会服务局、上海市社会团体管理局评为"上海市先进社会组织"；2006 年、2009 年、2012 年、2015 年，华夏发展研究院先后四次被上海市社会科学界联合会评为"上海市优秀民办社会科学研究机构"；2013 年被上海市社会团体管理局评为 5A 级社会组织，并多次入选各类社会智库名录，排名位居前列。

表 1 华夏发展研究院主要成果

成果类型	成果内容
测评体系	1. 2002 年，受中共中央精神文明建设指导委员会办公室委托研制省会城市和地级城市"全国文明城市测评体系"，以后连续五届（每三年一届）修订测评体系，并负责研制面向全国 2000 个县级市（县城）的"全国文明城市测评体系"； 2. 中共中央精神文明建设指导委员会办公室委托该院开展"全国志愿服务工作测评体系"（国家社会科学基金特别委托项目）的研制工作； 3. 完成中共中央精神文明建设指导委员会办公室委托的"全国城市文明程度指数测评体系"和"全国文明单位测评体系"的研制工作； 4. 2014 年 5 月，受国家海关总署政工部委托，华夏发展研究院组织课题组到北京、上海调研，先后召开了 5 个座谈会，设计研制了"海关系统精神文明建设工作评价体系"，2015 年 5 月开始用于全国海关系统的精神文明创建
研究报告	1. 2013 年 12 月，北京市委社会工作委员会与华夏发展研究院合作，研究制定了"社会建设综合评价指标体系"，并据此评估发布了《北京社会建设研究报告（2013）》； 2. 华夏发展研究院与国家创新与发展战略研究会社会建设与社会治理研究中心、北京市委社会工作委员会合作组成课题组，经过深入研究，先后出版 2014 年度、2015 年度、2016 年度《中国社会建设报告》

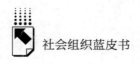
成果类型	成果内容
服务平台	2012年受上海市精神文明建设指导委员会办公室委托,华夏发展研究院在开展"上海市文明单位社会责任指数"研究的基础上,设计并构建了能应用于评估上海不同类型的文明单位的"上海文明单位社会责任评估体系"网络评估平台
研究刊物	1. 2012~2016年,每年度推出上海市文明单位社会责任报告白皮书; 2. 2012年,华夏发展研究院和教育部人文社会科学重点研究基地上海师范大学都市文化研究中心开始合作,联合研制2012年"中国公共文化建设指数"; 3. 2013年,华夏发展研究院同其他机构又联合研究编写了《中国公共文化服务发展报告》、2013年《上海公共文化服务发展报告》、2013年《全球城市公共文化服务发展报告》

资料来源:根据访谈材料编制。

二 组织特色

华夏发展研究院在发展过程中,体现出5种组织特色:以推进社会发展为目标,实施针对性研究策略;以规范城市发展为目标,参与全国文明城市测评体系设计;以推动中国社会现代化研究为目标,推出相关成果报告与丛书;通过多年实地调研,积累丰富的资源数据和调查经验;顺应"互联网+"时代趋势,推进数据库建设。

(一)聚焦社会发展领域研究

华夏发展研究院建院之初就确立了自身的价值追求:坚持"4S"理念,即该院坚持"立足社会、研究社会、服务社会、奉献社会"的四个"社会"(Society)的理念与实践。攀登"三个高峰":一是"思想境界的高峰",二是"理论研究的高峰",三是攀登"实践应用高峰"。2000年前后,华夏发展研究院逐渐聚焦三个"可持续"发展领域的研究与实践，一是聚焦中国城镇化的可持续发展研究，二是聚焦中国大城市、特大型城市"可持续"发展研究，三是聚焦中国社会现代化的可持续发展研究。1990 年在全国较早提出文明社区建设，2017 年国家多次出台各类文件加快促进城乡社区发展和培育社区社会组织发展，足见华夏发展研究院的前瞻性。

（二）协助政府设计科学规范的评价指标和测评体系

中共中央精神文明建设指导委员会办公室委托上海市精神文明建设指导委员会办公室与华夏发展研究院研制全国文明城市测评体系。华夏发展研究院在充分搜集国内 45 个城市有关文明城市测评材料，借鉴国际上竞争力指标、可持续发展指标、生活质量指标、现代化指标等 30 多种指标体系，征求中央 40 个部委的意见后，通过实地调研和测试，完成了 2005 版《全国文明城市测评体系》、《全国文明城区测评体系》。其后，华夏发展研究院又按中央文明办领导要求，修改形成测评体系的 2008 版、2011 版、2015 版，16 年来应用于全国文明城市（城区）的创建。截至 2017 年第五届全国文明城市表彰，全国有 89 个城市（城区）被评为全国文明城市（城区）；2018 年 2 月 12 日，又确定了 2018～2020 年创建周期 391 个提名城市（城区）。华夏发展研究院在参与国家文明城市测评标准制定过程中，逐渐形成将智库思想成果产品化的特色之路。

（三）产出有关中国社会现代化研究的多样成果

1998 年华夏发展研究院从当代社会发展导论的研究，转向中国社会现代化研究，并产出了一系列研究成果：从社区研究报告到北京社会建设报告、中国社会建设指数研究，再到新出版的 10 种华夏智库丛书，如《社会现代化模式比较研究》、《资本速度与社会转型研究》、《中国特色国有企业与中国特色社会主义现代化》、《大数据时

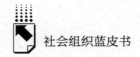

代的网络社会》。这些均反映了华夏发展研究院在不同时间、不同层面对社会现代化的研究状况，与此同时，也有明确的聚焦社区、聚焦城市发展的品牌科研成果立足点，从微观到宏观形成体系。

（四）开展多年的实地调研与测评

华夏发展研究院在参与设计"全国文明城市测评体系"的过程中，2002 年随中央文明办在深圳市、三明市、长沙市、重庆市、绵阳市、西安市、包头市、北京市、大连市 9 个城市调研；2003 年，又在吉林市、包头市、青岛市、咸阳市、绵阳市、张家港市、嘉兴市、杭州市、厦门市、广州市调研征求意见；2003 年 8 月 21 日至 9 月 1 日课题组到牡丹江、长春 2 个城市实地测评；2004 年 1 月至 7 月上旬，到北京市西城区、上海市黄浦区试点；2008 年华夏发展研究院先后到广州、东莞、惠州、苏州、常州等 10 多个城市讲课、指导、测评等；2010 年 2 月，在扬州市讲演；2010 年 3 月至 2011 年 12 月，又先后到甘肃金昌、宁夏回族自治区银川市、内蒙古鄂尔多斯、河南济远、北京朝阳区等做报告，并与这些城市（城区）的领导座谈交流，具体指导测评；2014 年，除了在上海、北京做创建全国文明城区的测评辅导外，为哈尔滨市做 2 次模拟测评，为新疆石河子市做 1 次模拟测评指导。

（五）"互联网 +"时代的数据库建设

为了使科研更系统、科学，在大数据时代，根据城市文明指标体系和编纂的企业社会责任报告，华夏发展研究院成功完成了数据库建设。数据库建设是华夏发展研究院实现科研分析的第一步。之后会在数据库建设基础上，通过与国家相关统计年鉴数据结合、与高校科研机构的专家学者合作等方式，并利用数学建模和数据统计等途径强化科研分析的深度。

　　总之，华夏发展研究院在成长过程中探索出新型社会智库的发展路径：不是主要通过成果要报的方式影响决策，而是通过科研实力过硬的指标体系和数据分析以及相关科研报告的出版来影响社会，尤其是吸引全国城市和社区积极参与文明体系测评来逐步参与政府决策，在指导全国 38 个城市（城区）创建成全国文明城市（城区）的过程中，引导城市规划转型、品格提升，形成格局更大的智库功能发挥体系。

B.14
上海浦江社会组织创新发展研究院

徐家良　苑莉莉*

摘　要： 上海浦江社会组织创新发展研究院致力于围绕"社会组织创新发展"，开展学术交流合作、公益理论及事务研究、社会组织培训以及其他相关活动，并在发展过程中，形成了法人主体多元的"研究院＋服务中心"运行模式、核心业务定位精准、资金来源渠道多元、复合的治理结构、咨政建言渠道多样化五个方面的特色。

关键词： 上海浦江社会组织创新发展研究院　社会服务机构智库　组织特色

一　组织概况

上海浦江社会组织创新发展研究院创建于 2013 年 11 月，是在浦东新区民政局注册登记的民办非企业单位。该机构致力于开展学术交流合作、公益理论及事务研究、社会组织培训以及其他相关活动，并与上海联盟行业协会服务中心合作开展一些业务，如服务行业协会发

＊ 徐家良，上海交通大学国际与公共事务学院教授、上海交通大学中国公益发展研究院院长、上海交通大学中国城市治理研究院研究员，博士生导师；苑莉莉，上海社会科学院社会学研究所助理研究员，上海交通大学国际与公共事务学院博士后。

展、搭建交流互动平台、促进项目合作等，逐渐探索出"研究院＋服务中心"的发展路径，其智库建设功能定位紧随国家相关政策。

浦东新区是上海乃至全国改革开放的前沿阵地，早在2006年9月，国家民政部同意浦东新区开展行业协会登记改革试点，并探索无业务主管单位的登记管理模式。经过多年的实践与发展，浦东新区积累了社会组织改革发展的宝贵经验。因此，应社会组织改革发展和浦东新区社会组织管理制度改革的需要，上海浦江社会组织创新发展研究院和上海联盟行业协会服务中心协助浦东新区民政局社团管理处大力推进行业协会商会（社会组织）的创新发展，取得了一定的成效。

表1　上海浦江社会组织创新发展研究院主要成果

成果类型	成果内容
政策建议	1. 2017年上海浦江社会组织创新发展研究院完成上海市社会团体管理局社会团体管理处委托的"行业协会商会民主选举实务研究"、浦东新区民政局社团管理处委托的"加强浦东新区行业协会商会综合监管研究"、上海市社团管理局登记处委托的"市级行业协会商会类社会团体直接登记标准与办法研究"； 2. 2016年上海浦江社会组织创新发展研究院完成上海市社会工作党委委托的"加强社会组织党风廉政建设研究"、上海市社团管理局社团管理处委托的"行业协会商会脱钩改革后的综合监管研究"； 3. 2017年，由浦东新区民政局社团管理处委托、上海浦江社会组织创新发展研究院协助华东师范大学公共管理学院完成的"脱钩后浦东新区行业协会商会的组织治理转型研究"，协助上海交通大学中国公益发展研究院完成的"上海市浦东新区公益发展模式研究"； 4. 2016年，由浦东新区民政局社团管理处委托、上海浦江社会组织创新发展研究院协助上海交通大学第三部门研究中心完成的"浦东新区行业协会商会参与市场监管体系建设研究"
研究刊物	1. 2015年5月正式出版《中国（上海）自由贸易试验区与社会组织创新研究》一书； 2. 2016年上海浦江社会组织创新发展研究院组织编写《具有全球影响力的科技创新中心建设中社会组织的功能和作用研究》一书； 3. 2017年12月上海浦江社会组织创新发展研究院组织编写《创新网络新动能:社会组织助推全球科创中心建设》一书

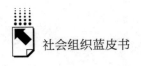

成果类型	成果内容
研究会议	1. 2014年上海浦江社会组织创新发展研究院组织举办"中国（上海）自由贸易试验区与社会组织创新研究"论坛； 2. 2015年上海浦江社会组织创新发展研究院受上海市社团管理局社团管理处委托，承办"中国（上海）自由贸易试验区与社会组织创新"论坛； 3. 2016年上海浦江社会组织创新发展研究院受上海市社团管理局社团管理处委托，承办"行业协会商会脱钩改革与创新发展"论坛

资料来源：根据访谈材料编制。

可以看出，上海浦江社会组织创新发展研究院主要是承接上海市民政局和浦东新区民政局有关课题，递交有针对性的政策咨询报告，以达到咨政建言的效果。

二 组织特色

上海浦江社会组织创新发展研究院在发展过程中，主要体现了法人主体多元的"研究院＋服务中心"运行模式、精准的核心业务定位、多元的资金来源渠道、复合的组织治理结构、多样化的咨政建言渠道，这五方面组织特色。

（一）法人主体多元的"研究院＋服务中心"运行模式

上海浦江社会组织创新发展研究院和上海联盟行业协会服务中心是两个独立注册登记的社会组织，尽管都是民办非企业单位，但业务范围各有侧重，日常运作合署办公。上海浦江社会组织创新发展研究院是一个兼具市场化、社会化运作的社会组织创新发展研究平台，而上海联盟行业协会服务中心主要承担浦东民政局委托的编写浦东行业协会商会发展报告，举办浦东行业协会商会培训，组织浦东行业协会商会开展各类活动等重要事项。两个机构优势互补，采取合作化的运作方式与项目制的管理模式，并积极与高校（上海交通大学、华东师范大学、华东理工大学等）开展合作，且吸纳全国各地高校和研究机构中的专家学者加入上海浦江社会组织创新发展研究院和上海联盟行业协会服务中心。

（二）核心业务定位精准

上海浦江社会组织创新发展研究院课题项目分为三大类：一是由政府部门定期委托，如"行业协会商会民主选举实务研究"；二是由院校研究机构提出，帮助在政府部门立题，如"脱钩后行业协会商会的组织治理转型"；三是自行确定研究方向的课题，由专项基金资助，如"中国（上海）自由贸易试验区与社会组织创新研究"。上海浦江社会组织创新发展研究院、上海联盟行业协会服务中心服务社会组织，同政府部门建立良好的互动关系，一般情况下对社会组织和政府部门的需求比较了解，承担或立项的课题都是社会各方比较关注问题，因此受到院校研究机构、社会组织、政府部门的欢迎，申报的成功率比较高。

（三）资金来源渠道多元

上海浦江社会组织创新发展研究院经费来源渠道多元，主要有如下两种方式：第一种是自筹，主要来自上海市华侨事业发展基金会社会组织创新发展专项基金资助，该专项基金由上海联盟行业协会服务中心和上海浦江社会组织创新发展研究院负责募集；第二种是承接政府部门委托的课题研究和论坛承办任务，课题研究和论坛承办过程中的经费，主要由政府资助。

（四）复合的治理结构

上海浦江社会组织创新发展研究院院长、副理事长由上海市华侨

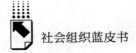

事业发展基金会原理事长担任，副院长、副理事长、法人代表人由上海厂长经理人才有限公司总经理担任，副院长由上海交通大学中国公益发展研究院院长担任，副理事长（主持日常工作）由上海联盟行业协会服务中心主任担任，浦东新区民政局社团管理处处长和6家行业协会秘书长为理事。日常运作管理由上海联盟行业协会服务中心相关部门承担。决策和监督主要通过年度工作总结和年度工作安排来执行，一般以书面征求意见或召开理事会等方式完成。日常运作管理相关工作由执行副理事长决定，并向法人代表人报告。

（五）咨政建言渠道多样化

上海浦江社会组织创新发展研究院主要通过政府委托课题的方式献言建策，或者组织研究上海自贸区和科创中心建设中社会组织创新发展方面问题等方式，通过出版相关专著来扩大社会影响力，为政府相关部门决策提供参考。专著出版后得到政府相关部门和社会各界的好评。

深圳市现代创新发展研究院

徐家良　徐　阳　王昱晨*

摘　要： 深圳市现代创新发展研究院致力于组织社会各方力量，开展公共政策研究，推动深圳市乃至全国的改革创新事业，产出了多项政策建议和研究报告，同时，每年举办大梅沙论坛，并将论坛分享成果结集成册。深圳市现代创新发展研究院在发展过程中，主要体现出以打造中国改革创新的深圳名片为目标使命、为政府推进改革创新建言献策、注重通过平台建设不断扩大对外交流合作、注重人才培养与完善内部治理四个方面的特色。

关键词： 深圳市现代创新发展研究院　社会服务机构智库　平台建设

一　组织概况

深圳市现代创新发展研究院（英文缩写"SZIDI"），于2013年7月在深圳民政局登记注册，是具有独立法人资格的民办非企业单

---

* 徐家良，上海交通大学国际与公共事务学院教授、上海交通大学中国公益发展研究院院长、上海交通大学中国城市治理研究院研究员，博士生导师；徐阳，华东师范大学公共管理学院硕士研究生；王昱晨，上海交通大学国际与公共事务学院博士研究生。

位。深圳市现代创新发展研究院以组织社会各方力量为促进深圳乃至全国的改革、创新事业（包括制度创新、机制创新、社会创新等方面）做出重要贡献为宗旨，力争成为中国在改革创新领域最具影响力的民间智库。深圳市现代创新发展研究院实行理事会领导下的院长负责制，理事会是决策机构，下设学术交流部、科研组织部、综合管理部、深圳事业部、港澳研究中心，并设专家委员会，就研究方向、项目立项以及学术评估等事项进行咨询与决策。深圳市现代创新发展研究院主要关注社会治理、科技、企业管理领域，并致力于针对这一领域开展以下五方面的业务：组织和资助创新发展项目课题；举办创新发展研究成果评选活动；举办创新论坛，搭建网络交流平台；开展人才培训、交流活动；开展咨询活动。深圳市现代创新发展研究院立足深圳，面向全国，放眼全球，致力于中国改革创新的重大理论和实践问题的研究，推动深圳乃至全国的改革创新，为党和政府决策提供参考和咨询，2017 年入选"2017 中国核心智库"。

表 1　深圳市现代创新发展研究院主要成果

成果类型	成果内容
政策建议	每年根据中央和社会关注的改革创新领域的若干重大理论研究和实践问题，自立研究课题，提出建设性的建议，为党和政府决策提供参考和咨询
研究报告	1. 2014 年、2015 年、2016 年、2017 年连续四年出版《中国改革报告》，其内容旨在记载和反映年度国家重大改革进程，现已成为中国改革创新的社会第三方年度评估报告，和向国家提出若干改革建议的重要研究报告； 2. 立足深圳，每年不定期推出针对深圳市重大改革问题的系列研究报告，为深圳市委提供决策咨询，对深圳市面临的重大改革问题提出建设性的意见和建议
研究刊物	每年将大梅沙论坛嘉宾的发言和讨论内容整理成《大梅沙中国创新论坛文集》

资料来源：根据访谈材料编制。

二 组织特色

深圳市现代创新发展研究院在发展过程中形成了一定的组织特色，即以打造中国改革创新的深圳名片为目标使命，注重于为推进政府改革创新建言献策，为各界人士交流合作拓展平台，同时不断优化人才培养和内部治理机制。

（一）以打造中国改革创新的深圳名片为目标使命

深圳市现代创新发展研究院已形成若干品牌项目，一是立足深圳，组织评选"金鹏改革创新奖"，促进深圳政府、社会、企业创新；二是面向全国举办"大梅沙中国创新论坛"，将论坛打造成高水准的、具有国际重要影响力的深圳城市名片；三是对中国改革创新进行年度分析，深圳市现代创新发展研究院发布《中国改革报告》，力争使其成为全国有影响力的社会智库报告。

（二）为政府推进改革创新建言献策

一是创办"深圳改革 30 人论坛"，为市委市政府推动改革提供决策咨询；二是研究深圳重大改革问题，为市委、市政府决策提出意见和建议，围绕深圳市发展的若干重大问题，该研究院以"30 人论坛"讨论意见为基础，组织专人深入研究，形成相应的专题研究报告。

（三）注重平台建设，不断扩大对外交流合作

一是重点打造"智库报告厅"这一高端、前沿的开放型论坛，邀请国内著名的专家、学者，就国家改革创新的重要理论、重要政策进行演讲和交流讨论，为深圳发展提供咨询的思想平台；二是举办深

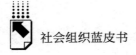

港合作圆桌会议，请深港两地多位专家学者为深圳与香港的合作发展建言献策；三是加强与国外智库的沟通、联系与合作，促进国内外智库交流，提高中国社会智库的国际化水平。

（四）注重人才培养，完善内部治理

一是设立博士后创新实践基地，吸引、培养和使用高层次人才；二是成立深圳市现代创新发展研究院党支部，响应相关政策要求充分发挥党建的引领作用；三是根据新型智库建设的需要和该研究院实际情况，制定了研究院规章制度，不断完善市场化薪酬体系及员工工资福利待遇制度，规范各项工作流程，有效保障研究院的良好运营。

深圳市侨商智库研究院

徐家良　王昱晨　徐　阳*

摘　要: 深圳市侨商智库研究院关注华人、华侨、华商的相关事宜，在组织运作过程中，既致力于服务华人华侨以及侨商企业发展，又注重为国家相关政策优化建言献策，发挥其咨政建言功能。同时，形成了发挥对外交流的"桥梁"作用；建立对外信息采集机制；通过整合资源，促进商贸往来；开展文化交流，增强华人华侨凝聚力四个方面的特色。

关键词: 深圳市侨商智库研究院　社会服务机构智库　资源整合

一　组织概况

深圳市侨商智库研究院（Overseas Chinese Think Tank），简称侨商智库（OCTT），是2014年9月4日经深圳市民政局批准成立的民办非企业单位。该研究院的发起单位是深圳市汕头商会，并得到了国内外多家知名社会团体的支持。目前是具有独立法人资格的研究机构，属于深圳市决策咨询委员会的成员，主要关注华人、华侨、华商的相关

---

* 徐家良，上海交通大学国际与公共事务学院教授、上海交通大学中国公益发展研究院院长、上海交通大学中国城市治理研究院研究员，博士生导师；王昱晨，上海交通大学国际与公共事务学院博士研究生；徐阳，华东师范大学公共管理学院硕士研究生。

事宜。其组织成员以"侨商"为主，且融入了许多国内外高端人才，集合了侨资侨智，既起到服务华人华侨以及侨商企业发展的作用，又可以为国家相关政策优化建言献策。侨商智库主要是研究华人华侨经济、社会、文化的社会民间智库，以实证研究为主，理论研究为辅。侨商智库设顾问委员会，有顾问 23 名，客座研究员 39 名。2015 年该院同深圳市侨办、侨联签约，合作共建国际民间交流中心，并与全国各省区市人民政府驻深圳办事处联合会签署战略合作框架协议。

表1 深圳市侨商智库研究院主要成果

成果类型	成果内容
政策建议	支持境外举办会展,促进名优商品外贸发展,宣传深圳现代化、国际化、创新型城市形象等提案
研究报告	参与会展,开展实证研究课题,提交侨交会调查报告
研究出版物	1. 出版侨商智库研究院系列丛书:《海外潮团发展报告》、《侨务工作:政策与实践》、《国家战略－民间行动》、《首届华人华侨产业交易会调查报告》、《海外粤籍华人社团发展报告》
研究会议	1. 联合主办四届侨商峰会:第一届"建设侨界民间智库的重大意义"、第二届"联侨强商、互动共赢助推一带一路"、第三届"万侨创新"、第四届"粤港澳大湾区建设与侨商发展"; 2. 举办三届侨交会深圳展; 3. 举办一届侨交会印度尼西亚海外展; 4. 举办三届国际民间交流圆桌会
创建基地	共建深圳市侨商智库研究院与共青团南山区委员会创新创业基地、共建深圳市侨商智库研究院与潮州市青年联合会青年创业基地

资料来源:根据访谈材料编制。

二 组织特色

深圳市侨商智库研究院在发展过程中，主要体现了以下四种组织特色：发挥对外交流的"桥梁"作用；建立对外信息采集机制；整合了产业、资金、技术与人才等方面资源，促进商贸往来；开展文化交流，增强华人华侨凝聚力。

（一）发挥对外交流的"桥梁"作用

深圳市侨商智库研究院集聚了海内外高端人才，包括归侨侨眷、华人华侨、华商、港澳人士、留学归国人员以及爱侨涉侨人士，特别注重联络海外高端人才，发挥华人华侨在当地的优势，服务海内外机构组织，帮助企业"走出去"和"引进来"。

（二）建立对外信息采集机制

深圳市侨商智库研究院同深圳市侨办、侨联签约合作共建国际民间交流中心。国际民间交流中心立足于深圳，联合当地有实力的侨社团、商协会及政府相关部门共建当地的交流中心，逐步形成布局广泛的网络渠道，自成立以来已在全球 21 个国家和地区合作共建 54 个交流中心。依托这些中心的资源优势，开展海外侨情、商情调查研究，通过每一个交流中心，网罗商机，为平台的大数据系统提供信息支持。

（三）整合资源，促进商贸往来

深圳市侨商智库研究院依靠侨资侨智资源，既服务于华人华侨及侨商企业，也服务于整个国家经济和社会建设，通过与各交流中心、各地商会协会、驻穗领馆、各地驻深办等机构的互动，促进国内外企业在经济、贸易、科技等领域的交流合作，带动产业、资金、技术与人才等方面资源的互补与流动。

（四）开展文化交流，增强华人华侨凝聚力

海外华侨华人是推动"一带一路"建设的重要力量，利用文化

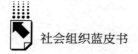

纽带会聚"一带一路"沿线华人华侨，已成为"一带一路"建设的重要议题。深圳市侨商智库研究院发挥自身优势，利用当地侨团的资源，组织各种形式的交流互访及海外华侨社团的联谊活动等，弘扬中华传统文化，加强了解，增进友谊，提升民族的向心力和凝聚力。

中智科学技术评价研究中心

徐家良　苑莉莉*

摘　要：　中智科学技术评价研究中心关注推动国家科学技术发展和科技体系建设，为中国的科技政策制度优化与国际环境下科技地位的维系和提升，提供了许多建议，实现其咨政建言功能。同时，中智科学技术评价研究中心在发展过程中体现精准化的特色智库定位、完善化的内部治理结构、协同化的智库功能发挥、多样化的咨政建言方式、多渠道的运作资金来源五个方面的特点。

关键词：　中智科学技术评价研究中心　社会服务机构智库　协同治理

一　组织概况

2015年12月5日，中智科学技术评价研究中心在民政部注册为民办非企业单位。该中心以建成中国特色新型社会智库为目标，以推动国家科学技术发展和科技体系建设为着眼点，基于丰富的科技评价

＊　徐家良，上海交通大学国际与公共事务学院教授、上海交通大学中国公益发展研究院院长、上海交通大学中国城市治理研究院研究员，博士生导师；苑莉莉，上海社会科学院社会学研究所助理研究员，上海交通大学国际与公共事务学院博士后。

研究和实践，为中国的科技政策制定和完善，以及在国际环境下，中国科技地位的维系和提升建言献策。10 年来递交、发表和出版的主要成果有：《世界创新竞争力报告》、《全球环境竞争力报告》、《二十国集团（G20）国家创新竞争力报告》、《中国省域经济综合竞争力发展报告》、《中国省域环境竞争力发展报告》、《中国茶产业发展报告》、《海峡经济区发展报告》。政策建议主要影响领域在科技评价、文化创意、全球竞争力、两岸竞争力、省域竞争力、经济发展、遥感、茶叶发展、智慧乡村等方面。中智科学技术评价研究中心 2016 年入选中国智库索引（CTTI）系统，在入选的 36 个社会智库中，测评综合排名全国第八。

表 1　中智科学技术评价研究中心主要成果

成果类型	成果内容
政策建议	1. 中心与中科院遥感所合作提出"智慧中国"议题,被中共中央办公厅、国务院办公厅信息中心摘发; 2. 中心主编 5 期内部"要报",被中共中央办公厅信息中心摘报; 3. 以科技创新试点城市评审组专家和区域全面创新改革评价会议评审专家的身份,参与国家科技评估标准化工作; 4. 成为中共中央宣传部中国特色社会主义政治经济学读本(南方本)的编委会成员,参与政府工作材料编写
测评体系	以中心为主制定"中国科技成果评价标准",并提交与国家科学技术部和国家标准委员会
研究会议	参与二十国集团峰会创新行动和创新论坛筹备工作,并担任高级别专家工作组专家
其他成果	以评审专家委员会专家的身份参与《光明日报》智库研究工作

资料来源：根据访谈材料编制。

二　组织特色

中智科学技术评价研究中心在发展过程中，研究定位精准，且治理结构完善，能够统筹各类平台、多种主体协作研究，很好地发挥了中智科学技术评价研究中心的咨政建言功能。加之，其咨政建言渠道多样、资金来源多元，又进一步提升了其功能的发挥效果，使其成为推动国家科技发展的重要力量。

（一）精准化的特色智库定位

该中心将特色定位在国际上，所建设的新型智库必须有中国社会主义的特色。在国内，新型智库必须有鲜明的行业特色、专业特色或地域特色，努力做到"高、新、深、实"，即定位高远、不断创新、深邃睿智和切合实际，发挥科技评价的优势，形成科学技术评价、社会科学评价和科学成果转化三个核心业务。

（二）完善化的内部治理结构

中智科学技术评价研究中心最高决策机构是理事会，有47位理事；设有学术委员会，有41位学术委员；机构内设办公室、发展规划评价研究部、科技评价研究部、竞争力评价研究部、文化创意评价研究部、金融评价研究部、市场评价研究部、蓝皮书编辑部和信息和技术中心等。理事和学术委员来自研究机构、党政机关、大企业和大媒体，能够更快更准地把握国家相关政策导向，及时与国内顶尖专家团队共商共议，中心的咨询成果水平得到政府相关部门的认可。

（三）协同化的智库功能发挥

通过高品质的选题来集聚各方面的优秀专家，以较低成本推出较高水平的研究成果。同时，与其他智库单位、党政机关、科研院所、高校、媒体等相关机构合作，依托各机构科研人员的研究成果提供政策咨询。各部门将智库成果汇总至办公室，办公室定期举行各类会

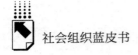

议，将成果经理事会通过后提交。由办公室统筹协调，保证中心充分发挥整体智库功能。

（四）多样化的咨政建言方式

中智科学技术评价研究中心咨政建言的方式主要有以下五种：第一种是皮书报告系列的编制和出版，第二种是参与各类标准的制定，第三种是通过内参渠道提交咨询报告，第四种是积极参与国家级专家组活动，第五种是主办、参与具有重大社会影响力的各类会议和论坛活动。第五种方式是辅助性的，前四种方式为主要方式。

（五）多渠道的运作资金来源

资金主要来源为三部分：一是通过政府委托课题或招标课题的方式获取资助，如与国家科技评估中心签订合作协议，这类课题经费所占比例不大；二是购买服务，主要有政府、企业和高校三类购买主体，如国务院台湾事务办公室、北京邮电大学等；三是提供服务收取相关费用，主要体现在科技成果评价方面，依据科学的评估体系，对一些科技行业进行评估和标准化建设的服务收费，这是最主要的收入来源。一般说来，有些合作机构的经费不直接进入中智科学技术评价中心，而是给外包的运作方，作为平台机构可发挥免费搭建资源对接的桥梁功能。

总之，中智科学技术评价研究中心在不同领域资源整合的平台搭建和决策成果的转化方面，已经取得显著成绩。

B.18
全球化智库

徐家良　苑莉莉*

摘　要：　全球化智库是以北京东宇全球化人才发展基金会为中心，与南方国际人才研究院、北方国际人才研究院和中国与全球化研究中心组成的智库集团，致力于研究中国的全球化战略、人才国际化和企业国际化以及国际关系等领域内容，在运作过程中体现全球布局和组织结构优化，咨政建言方式多样，打造核心优势形成品牌项目，国际与国内声誉相得益彰，具有前瞻性、多样性和系统性的智库发展规划，资金来源多元化六个方面的特点。

关键词：　全球化智库　社会智库　法人多元

一　组织概况

全球化智库成立于 2008 年，总部位于北京，是以北京东宇全球化人才发展基金会为中心，与南方国际人才研究院、北方国际人才研

---

* 徐家良，上海交通大学国际与公共事务学院教授、上海交通大学中国公益发展研究院院长、上海交通大学中国城市治理研究院研究员，博士生导师；苑莉莉，上海社会科学院社会学研究所助理研究员，上海交通大学国际与公共事务学院博士后。

究院和中国与全球化研究中心组成的智库集团，且在国内外有近 10 个分支机构或海外代表处。全球化智库区别于传统意义上的三类社会智库（社会团体智库、基金会智库、社会服务机构智库）。参照其成立方式可知，它是运用集团化的方式、把相关领域社会智库结合起来，并共建为新的社会智库。

全球化智库的研究团队近百人，均是专业的全职智库研究人员，研究实力雄厚，且主要专职于研究中国的全球化战略、人才国际化和企业国际化以及国际关系等领域内容。全球化智库是中央人才工作协调小组办公室人才理论研究基地，是中国共产党中央委员会对外联络部"一带一路"智库联盟的理事单位，并被国家授予博士后科研工作站资质。另外，从全球化智库的国际影响力上看，目前该组织已经成为"美国研究智库联盟"的创始理事单位，同时，获得了联合国"特别咨商地位"。此外，全球化智库的专家也在多个国家部委担任顾问，被国内外媒体誉为"国际化社会智库"的典范。

全球化智库的宗旨是"以全球视野，为中国建言，以中国智慧，为全球献策"，在该宗旨的引领下，全球化智库融汇国内外的先进理论思想，为提供符合国家发展所需的研究成果，以优化国家政府决策，并服务于中国人才国际化和企业国际化战略，实现中国发展软实力和国际影响力的提升。

在全球最具影响力的美国宾夕法尼亚大学《全球智库报告 2017》，以及国内多个智库评价榜单中，全球化智库均位列中国社会智库第一。2017 年 10 月，全球化智库获得中国管理科学学会颁发的"2016~2017 年度十大中国管理价值组织"奖，2018 年位列宾夕法尼亚大学全球智库排行榜中世界百强智库第 91 位。

表1   全球化智库主要成果

成果类型	成果内容
政策建议	1. 建立国家移民局的建议。2016年7月，全球化智库提供的《关于成立国家移民局的建议》受到中央多位领导人的批示，国家发改委、中央编办等单位到全球化智库进行相关调研。2018年3月13日，国务院机构改革方案提请十三届全国人大一次会议审议，在国务院其他机构调整方案中，第七条即为组建国家移民管理局； 2. 关于留学人才回国创业启动支持计划的建议。全球化智库起草的有关"中国留学人员回国创业启动支持计划"的建议，得到了中央多位领导批示，并由财政部会同人社部联合制定颁发，作为支持全国留学人员回国创业的重要政策实行至今，取得巨大社会影响； 3. 关于中关村人才发展的建议。全球化智库提供的"关于提升中关村国际人才竞争力的建议"得到中央多位领导的批示； 4. 关于扩大往返签证的建议。2014年全球化智库提出的"关于吸引海外人才，扩大中美十年多次往返签证"的建议，得到外交部部长的批示，并得以实施； 5. 增设人才签证的建议。2011年全球化智库向全国人大和相关机构提交关于在《中华人民共和国出入境管理法》中增加人才签证的建议，新的《中华人民共和国出入境管理法》中则增加了人才签证类别； 6. 中国应加入国际移民组织的建议。全球化智库是国内唯一致力于移民领域研究并积极推动中国加入国际移民组织（IOM）的智库，多次承担国际移民组织相关课题，并与国际移民组织联合发布《世界移民报告》中文版，联合举办论坛研讨会。全球化智库关于中国应加入国际移民组织的建议对政府决策产生了积极影响； 7. 提出"欧美同学会应成为智囊团、人才库、民间外交生力军等新定位"的设想。在2013年中国社会科学院社会科学文献出版社出版的国际人才蓝皮书《中国留学发展报告（2013）》中，全球化智库提出的"欧美同学会应成为智囊团、人才库、民间外交生力军等新定位"的设想，被采纳到中央领导在欧美同学会成立100周年大会上的讲话中； 8. 全球化智库参与国家规划发展规划的起草工作。2008年，全球化智库参与"国家中长期人才发展规划纲要"的起草工作，为"千人计划"的出台做出了重要贡献； 9. 关于绿卡体系的研究成果。2012年，全球化智库承担人社部关于中国绿卡体系的研究。基于该项研究建议，2013年7月，人社部、中组部联合25个部委共同签发《外国人在中国永久居留享有相关待遇的办法》； 10. 全程参与北京出入境新政课题研究。2016年1月，公安部公布支持北京创新发展的20项出入境政策措施，涉及外国人和华人来华的永居证、创业就业、入籍等方面，全球化智库作为唯一的智库全程参与该项课题的研究，所提出的多项建议被采纳

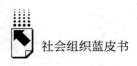
成果类型	成果内容
研究报告	发布了"从出入境旅游看中国全球化发展"系列报告,且产生了广泛的影响,得到中共中央宣传部、国家旅游局的关注,国家旅游局领导到全球化智库进行了相关调研
研究会议	全球化智库连续多年举办全球化论坛及研讨,为在不断变化的国际形势下,中国继续推动经济全球化,进一步完善对外开放战略布局,促进包容性全球化,贡献中国智库的智慧

资料来源:根据访谈材料编制。

二 组织特色

在全球化智库的发展过程中,主要体现了以下六种组织特色:全球布局和组织结构优化;咨政建言方式多样;打造核心优势,形成品牌项目;国内外的声誉打造;智库发展规划具有前瞻性、多样性和系统性;资金来源多元化。

(一)全球布局和组织结构优化

全球化智库是中国最早"走出去"的社会智库,经过近十年的发展,初步实现了全球化的组织布局。除了北京总部,还设立了广州、青岛、深圳/东莞三大研究院,上海、深圳两大分会,香港、华盛顿、纽约、伦敦、法兰克福、巴黎和悉尼等多个海外代表,成为目前在国内外设置网点最多的中国社会智库。2017 年 11 月,全球化智库成立香港委员会,全国政协副主席、香港特别行政区前行政长官梁振英出席启动仪式并致辞。全球化智库采用扁平化治理结构,智库内部层级设置较少、人事关系与权责清晰,智库内部人员呈现一种平等、彼此支持的关系。

（二）咨政建言方式多样

一是科研为本，渠道畅通，打造丰富的资源网络。全球化智库与政府部门联系密切，以科研实力获得来自政府和社会的各类资助，同时凭借前沿的全球化视野，以民间外交的方式增强软实力。二是承担政府相关课题。承担相关政策研究课题，向政府部门积极建言献策，提供政策咨询和决策参考报告。2017年完成各项研究报告和政府课题60余项。三是系统化运作政策建议。从2008年开始编写《建言献策参考选编》起，到2017年提交的建言献策参考数量已经达到200余篇。四是基地建设。全球化智库是中共中央组织部中央人才工作协调小组的"人才理论研究基地"，入选"一带一路"智库合作联盟理事单位，成为商务部经贸政策咨询委员会专家工作组成员和国务院侨办专家咨询委员会成员等，并被国家授予博士后科研工作站资质。全球化智库还与青岛市政府合作建立青岛智库集群基地，增进全球智库交流。

（三）打造核心优势，形成品牌项目

全球化智库以研究力为基础的"五力"模型带动组织走上良性循环。首先是品牌图书项目。出版中英文科研成果提供政策参考，如国际人才蓝皮书系列、企业国际化蓝皮书系列、全球化研究系列、智库研究系列等。其中蓝皮书系列以开创性的研究奠定了全球化智库在相关研究领域的权威地位，凭借高质量的研究成果多次获奖，比如《中国留学发展报告（2016）》中的《全球化时代中国留学和来华留学发展的特点与建议》一文获得第八届"优秀皮书报告奖"一等奖，《中国国际移民报告（2014）》中的《国际人才在中国流动的壁垒与突破》一文获得第六届"优秀皮书报告奖"一等奖。《全球化 VS 逆全球化：政府与企业的挑战与机遇》、《大转向：谁将推动新一波全球化?》等全球化研究系列则是全球化智库长期跟踪研究全球化进程，推动中国的全球化发展的智慧结晶。此外，全球化智库长期考察国际著名智库的运作模式，并结合自身十年成长经验，先后推出《大国智库》、《大国背后的"第四力量"》和《全球智库》等智库研究系列，为中国智库的发展提供了很好的经验借鉴。与此同时，同步推进系列品牌论坛打造整体影响力，现已形成中国与全球化圆桌论坛、中国人才 50 人论坛、中国企业全球化论坛、中国智库创新论坛等。其中，中国企业全球化论坛、中国与全球化圆桌论坛、中国人才50 人论坛入围 2017 中国学术论坛影响力排行榜。

（四）国内外的声誉打造

全球化智库借助其国内外资源扩大在国内外的影响力，这主要体现在通过英文图书出版，拓展海外影响力。2016 年开始连续在国际权威出版社发行三本英文研究著作：《中国走向全球：中国的海外投资如何推动企业的转型》、《全球化视野下的创业学和人才管理：全球海归》、《当代中国回流移民：海归、企业家和中国经济》，让国际社会更多地了解中国。全球化智库的国际化主要体现在以下三个方面。一是使用国际语言与世界交流。从 2008 年就建立了专业英文网站，2016 年再次推出全新英文网站（http://en.ccg.org.cn/），新版网站支持移动客户端，并有分类目录便于查找各项信息，旨在以国际流行的网站形式、叙述方式，帮助国际访问者更好地了解全球化智库在中国的全球治理、企业全球化、人才全球化等研究领域所做的工作。读者可以在网站上直接订阅智库的英文电子通信周报。此外，全球化智库非常注重社交媒体建设，是国内中英文社交媒体最活跃的智库，不但建立了留学、海归、移民、人才、企业等八大微信平台，还在 Facebook、Twitter、LinkedIn 等国际社交媒体上开设了账号，及时用英文发布成果，实现了智库研究成果的全球传播。二是国际化管理与研究团队。

100 余名全职的研究人员和专业工作人员，均来自哈佛大学、哥伦比亚大学、牛津大学、曼彻斯特大学、清华大学、北京大学等国内外名校，其中博士占比37%，双硕士、硕士占比超过60%，大多具有双语甚至三语能力以及多元的专业背景。三是国际化的研究与合作网络。全球化智库通过搭建国际化的研究与合作网络，广泛参与全球事务，在全球层面研究、设计与推动中国对外战略，通过影响国际社会，进而影响政策。全球化智库的国际合作网络涵盖世界银行、联合国机构、国际劳工组织、国际移民组织、国际猎头协会、国际大都会人才组织、布鲁金斯学会、美国企业研究所、移民政策研究所、威尔逊中心、基辛格中心、传统基金会、加拿大亚太基金会、亚洲协会、百人会、美商会、欧盟商会等。

（五）智库发展规划具有前瞻性、多样性和系统性

前瞻性主要体现在全球化智库是中国第一个以"全球化"命名的智库研究机构，且研究领域涉及中国参与国际化合作前期，预测会出现的一系列参与问题，以及合作过程中，各类型突发情况的预判。多样性主要表现在通过建言献策、政府课题与决策培训的方式，综合影响和推动政府的相关决策和制度创新。系统性集中贯穿在政策出台的全过程：从政策问题的提出阶段开始，全球化智库通过提出话题引导舆论；在政策起草阶段，通过参与政府课题提交研究报告，参与政策起草；在政策评估阶段，参与政策实施的跟踪反馈与政策评估，从而形成对相关课题的长期跟踪，形成对相关政策的持续性推动。

全球化智库设有专门的建言献策部门，将智库研究成果，举办各种学术研讨会、国内外论坛等汇集的专家观点等定期向中央有关部委提交《建言献策参考》，并从 2008 年开始制作《建言献策参考选编》。近十年来，全球化智库积淀了丰厚的建言献策成果。仅 2017 年一年，全球化智库就提交建言献策参考 223 篇，多项研究成果获得中

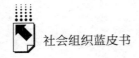

央领导批示，数项建议被采纳，进入政策制订的调研期。尤其值得一提的是，全球化智库推动了近十年成立国家移民局的建议终于得到采纳，2018 年 3 月 13 日，国务院机构改革方案提请十三届全国人大一次会议审议。根据该方案，国务院正部级机构减少 8 个，副部级机构减少 7 个，除国务院办公厅外，国务院设置组成部门 26 个。在国务院其他机构调整方案中，第七条为组建国家移民管理局。

（六）资金来源多元化

作为公共政策的研究者，智库的研究必须客观与专业，要做到这一点，首先就要保证智库的研究不受资金来源的左右。拥有多元化的资金来源渠道是智库公信力、高质量与可持续发展的重要保证。全球化智库参考国际智库运作模式，不断探索创新中国的社会智库运作，在不影响独立性、非营利原则，以及严格执行收入和支出预算的前提下，积极拓展资金筹集的渠道，以实现自我造血和维持良性运营的目标。经过多年实践探索，全球化智库逐渐实现资金来源的多元化，目前的收入来源主要包含政府研究课题收入、基金会捐赠、出版物收入、活动收入、社会赞助、理事捐赠等。为保证智库研究的公信力，全球化智库制定了严格的捐赠规则，不接受"指定性"捐款，从制度上将捐助者与研究工作分离，以保证研究在不受到任何干涉的情况下独立进行。

总之，全球化智库坚守智库的独立精神，坚持为公共政策建言，为公共利益代言，凭借其国际化的视野、国际化的人才、全球研究与合作网络、创新的思想与观点以及国际化的传播成就了智库的公信力与竞争力，不断影响和推动着政府相关决策与制度创新，甚至影响着国际议程的设定，发挥"民间外交使者"的积极作用。

附　录

Appendix

B.19
中国社会智库发展大事记
（1978年1月至2017年12月）

徐家良　刘青琴*

1978年之前

无论是在学术界还是实务界，国内都没有社会智库或民间智库的概念。随着1978年12月中国实行改革开放政策，传统体制内的政策咨询体系已经无法满足时代发展的需求，整个社会迫切需要创新性的新思维和新知识为改革提供决策建议，通过民主化的方式，确保政治决策、政府决策科学化，社会智库由此萌芽，并逐渐成长。

---

* 徐家良，上海交通大学国际与公共事务学院教授、上海交通大学中国公益发展研究院院长、上海交通大学中国城市治理研究院研究员，博士生导师；刘青琴，上海交通大学国际与公共事务学院硕士研究生。

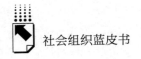

1978年3月

中共中央副主席、国务院副总理邓小平在全国科学大会上指出，"专业的科学研究队伍，是科学工作的骨干力量。没有一支强大的高水平的专业科学研究队伍，就难以攀登现代科学技术的高峰"。"我们向科学技术现代化进军，要有一支浩浩荡荡的工人阶级的又红又专的科学技术大军，要有一大批世界第一流的科学家、工程技术专家。"邓小平讲话反映出中央高度肯定专业性人才的重要作用。

1982年7月11~16日

国家经济体制改革委员会组织关于中外经济体制改革问题的学术讨论会，该会议以中国价格学会（即现今的中国价格协会）的名义举办。此后，在1982~1984年又召开了类似的会议，讨论经济体制改革的相关议题，这为1984年10月中国共产党第十二届中央委员会第三次全体会议制定《中共中央关于经济体制改革的决定》奠定了理论基础。

1983年2月

1983年2月，经国务院领导批准成立中国经济体制改革研究会（简称中国体改研究会，英文为China Society of Economic Reform, CSER）；1990年中国经济体制改革研究会正式向民政部进行社会团体登记，成为国家一级学会；1998年国务院机构改革，在国务院经济体制改革办公室成立大会上朱镕基总理指出"要充实、加强体改研究会"；1999年中国经济体制改革研究会进行人事、财务等管理体制改革，成为独立的法人机构，在全国各省市政府和研究机构拥有众多团体会员和个人理事。2003年以后中国经济体制改革研究会的主管单位为国家发展和改革委员会。中国经济体制改革研究会的主要职能是承担政府有关部门委托的经济体制改革方面的课题研究工作，围绕经济与社会发展中的重点、难点问题进行预测性研究，供各级政府与企业决策参考。

1986年7月31日

中共中央政治局委员、国务院副总理万里在首届全国软科学研究工作座谈会上做了题为《决策民主化和科学化是政治体制改革的一个重要课题》的讲话，认为"软科学研究的根本目的，是为各级各类决策提供科学依据，是为领导决策服务的。从这个意义上说，软科学研究就是决策研究，就是把科学引入决策的过程中，利用现代科学技术手段，采用民主和科学的方法，把决策变成集思广益的、有科学依据的、有制度保证的过程，从而实现决策的民主化、科学化和制度化，以加快我国的现代化建设"。"软科学研究是为各级决策者、领导人服务的。各级领导人应该十分珍惜和尊重这种服务。"这个讲话肯定了智囊团和决策咨询机构的作用，开启了国内对民间智库的初步探索。

1989年2月

在深圳经济特区，综合开发研究院（中国·深圳）宣布成立，这是国内第一家综合性、政策性、全国性的新型智库。1993 年，该研究院在学术上归属国务院研究室，党政关系属地化管理归属深圳市政府，深圳市政府为综合开发研究院（中国·深圳）人员提供编制和工资保障，研究院每年免费为深圳市政府设计方案，开创了"官民结合"型中国特色智库的先河。综合开发研究院（中国·深圳）坚持"立足深圳、面向全国、走向世界"的方针，围绕城市化、市场化和国际化等重大理论和实践问题进行研究，为各级政府、企业和社会组织的决策提供科学依据和高质量的智力支持。

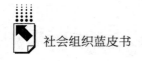

1993年7月

由几位经济学家与北京大象文化有限公司共同发起成立北京天则经济研究所，宗旨是"支持和推进经济学理论和前沿性社会经济问题的高质量研究，为中国的改革实践提供制度创新的解决方案"。该研究所通过举办双周学术讨论会、精品论坛及出版学术成果、创立网上互动平台等方式，在社会上产生了重大影响。

1994年12月17日

上海华夏社会发展研究院成立，其前身为浦东华夏社会发展研究院，是从事社科研究的民办非企业单位，其登记管理机关是上海市社会团体管理局。上海华夏社会发展研究院坚持"小机构、大网络"的发展思路，下设社会现代化研究中心、都市文化研究中心、城市文明与评估研究中心、可持续城镇化研究中心等，实行董事会领导下的院长负责制。2005年12月、2013年4月，上海华夏社会发展研究院先后两次被上海市民政局、上海市人事局、上海市社会服务局、上海市社会团体管理局评为上海市先进社会组织；2006年、2009年、2012年，上海华夏社会发展研究院先后三次被上海市社会科学界联合会评为"上海市优秀民办社会科学研究机构"；2013年被上海市社会团体管理局评为5A级社会组织。

1995年

中国经济改革研究基金会在民政部注册成立，是国家发改委下属的全国性公募基金会，由中国人民银行批准设立。从2002年起资助"中国改革论坛"的举办，发布《中国改革与发展报告》、《中国宏观经济分析》（月度报告）、《中国宏观经济变量跟踪分析》（季度报告）等相关研究成果，2017年被民政部评为3A级社会组织。

1997年11月27日

中国发展研究基金会成立，该基金会由国务院发展研究中心发起设立，在民政部注册，是全国性、公募型基金会。基金会以支持政策研究、促进科学决策、服务中国发展为宗旨，以国内外企业、机构、个人的捐赠和赞助为主要资金来源。资金的主要用途包括：支持国际交流活动、人员培训和政策试验研究，奖励在政策咨询和相关学术研究领域做出突出贡献的个人和组织，资助符合该基金会宗旨的其他社会公益活动。2007年被民政部评为4A级社会组织，2010年和2015年被民政部评为"全国先进社会组织"。

2004年3月

中共中央发出《关于进一步繁荣发展哲学社会科学的意见》，明确指出"党委和政府要经常向哲学社会科学界提出一些需要研究的重大问题，注意把哲学社会科学优秀成果运用于各项决策中，运用于解决改革发展稳定的突出问题中，使哲学社会科学界成为党和政府工作的'思想库'和'智囊团'"。政府越来越重视智库的建设，加大对其的投入力度。

2004年6月14日

国家工商行政管理总局对《企业名称登记管理实施办法》进行了修订，规定以企业形式注册的研究中心和研究所都必须重新注册为公司。由此，北京天则经济研究所、北京大军经济观察研究中心、北京思源社会科学研究中心等一批智库先后注销或者重新注册。

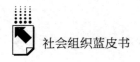

2007年10月15日

中共中央总书记、中华人民共和国主席胡锦涛在中国共产党第十七次全国代表大会上做的报告中指出，要"推进决策科学化、民主化，完善决策信息和智力支持系统，增强决策透明度和公众参与度，制定与群众利益密切相关的法律法规和公共政策原则上要公开听取意见"，强调"完善决策信息和智力支持系统"，使智库地位得到大幅提高。

2007年11月

中国世界民族文化交流促进会理事曾金胜在《人民论坛》第22期上发表《中国民间智库的别样生存》一文。文章认为，民间智库参与公共决策，就是各种民间的社会组织和个体，在政府的各种公共决策中通过各种合法有序的途径表达他们的意见、建议和呼声，以影响政府的相关决策。民间智库参与公共决策，有利于政府决策中的利益协调，使政府更好地代表最广大人民的根本利益。

2008年

全球化智库成立，总部位于北京，是以北京东宇全球化人才发展基金会为中心，与南方国际人才研究院、北方国际人才研究院和中国与全球化研究中心一起组成的智库集团，涵盖社会服务机构、基金会等不同组织形态的智库体系，在国内外有近10个分支机构或海外代表处。在《全球智库报告2017》中，全球化智库在全球智库综合排名中居第92位，并在多个单项榜单中位列中国智库第一。

2008年6月

深圳大学李玲娟在《辽宁行政学院学报》第6期上发表《美国

智库的研究及对中国民间智库的启示》一文。文章从智库职能、机构配置、资金来源、运作方式等方面总结美国智库的发展特点，从而为中国民间智库的发展提供借鉴。

2009年4月3日

中共中央政治局委员、广东省委书记汪洋对话12位民间人士，征求对广东贯彻实施《珠江三角洲地区改革发展规划纲要（2008～2020年)》的意见和建议。汪洋在对话中明确提出，"要让民间智库提升广东的软实力"。

2009年10月

察哈尔学会创办，并于2013年5月以民办非企业单位的身份在河北省尚义县民政和民族宗教事务局登记成立。察哈尔学会是一家由民间资本成立的无党派独立智库，总部设在河北省尚义县察哈尔牧场，除在北京设有办公室外，在上海、香港、拉萨及韩国首尔、毛里求斯路易港也设有办公室。该学会已成为中国公共外交研究领域的核心机构之一，对中国公共外交理论与实践的发展及国际关系社会智库的完善起到了积极作用。

2009年11月1日

南方民间智库在首届"潮涌珠江——广东网民论坛"上宣布成立。随后，2011年2月27日，南方民间智库专家委员会在第二届中国网络问政研讨会上宣告正式成立。它是南方民间智库的学术指导机构，决定智库重大事项。2012年1月10日，南方民间智库以民办非企业单位的身份正式注册成立，并改名为"广东南方民间智库咨询服务中心"。该智库以南方报业传媒集团为发起单位，以南方报业传媒集团旗下《南方都市报》和"奥一网"等报刊、

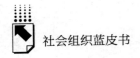
网站为支撑，借助网络问政平台，给各级行政机关和单位提供科学的决策参考。

2010年12月

李建军、崔树义主编的《世界各国智库研究》一书由人民出版社出版。书中介绍了美国、欧洲、亚洲的智库，对国外智库的发展概况进行了介绍，并将其与中国的智库发展状况进行对比，有助于中国从国外智库的发展经验中获得启示。

2011年4月

东中西部区域发展和改革研究院编著的《中国智库发展报告（2011）》一书由国家行政学院出版社出版。全书分为四个部分：第一部分简述智库的一般知识；第二部分介绍中国智库的现状；第三部分通过分析优秀智库个案，概括总结国外智库的成功经验；第四部分对中国智库的发展道路和模式进行探讨，提出中国智库应服务于社会主义国家最根本的利益。

2011年11月22日

北京零点有数数据科技股份有限公司（原零点研究咨询集团）主办的首届零点民声"金铃奖"颁奖典礼在北京举行。"金铃奖"是第一个由民间评选的奖项，用于奖励在民意倾听、用户倾听和民意传播方面表现突出的机构，以"金铃"作为象征物，其寓意为风过之后必有声，风即为"民众、市场、消费者的声音"。首届"金铃奖"共设"倾听民意政府奖"、"用户之声企业奖"和"传递民意金声奖"三个大类共15个奖项。该奖项自创立以来影响力逐渐扩大，2016年12月6日举办的"2016年大数据创新智能应用私享会暨零点金铃奖颁奖典礼"颁发了三大类共计108个数据奖项。

2012年6月5日

中国战略文化促进会在北京发布《2011美国军力评估报告》（民间版）和《2011日本军力评估报告》（民间版），这是中国民间智库首次发表的他国军力评估报告。报告对美、日两国的军事战略、军事力量、军事部署及对外军事关系等进行了详细介绍和评估。

2012年11月8日

中共中央总书记、中华人民共和国主席胡锦涛在中国共产党第十八次全国代表大会上做的报告《坚定不移沿着中国特色社会主义道路前进，为全面建成小康社会而奋斗》中提到，坚持科学决策、民主决策、依法决策，健全决策机制和程序，发挥思想库作用，建立健全决策问责和纠错制度。凡是涉及群众切身利益的决策都要充分听取群众意见，凡是损害群众利益的做法都要坚决防止和纠正。

2013年4月

中共中央总书记、中华人民共和国主席习近平首次提出建设"中国特色新型智库"的目标，智库发展作为国家软实力的重要组成部分，被提升到国家战略的高度，这是中国共产党中央委员会继在中国共产党第十八次全国代表大会政治报告里提出"发挥思想库作用"后对智库建设更深层次的阐释和表态。

2013年7月

深圳市现代创新发展研究院在深圳市民政局登记注册，是具有独立法人资格的民办非企业单位，是推动改革创新的社会智库。该研究院实行理事会领导下的院长负责制，理事会是其决策机构，该院下设学术交流部、科研组织部、综合管理部、深圳事业部、港澳研究中

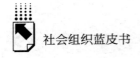

心；设专家委员会，就研究方向、项目立项以及学术评估等事项进行咨询与决策。

2013年8月

重庆智库揭牌成立，这是国内首家以智库冠名的社会团体法人。重庆智库以"决策显微镜、战略风向标"为发展目标，主要开展公共政策和战略规划方面的研究。重庆智库独立发布的《重庆智库》，立足重庆，开启社会智库向直辖市市委、市政府提供决策服务的先河。

2013年11月12日

中国共产党第十八届中央委员会第三次全体会议通过《中共中央关于全面深化改革若干重大问题的决定》（以下简称《决定》）。《决定》首次明确提出"加强中国特色新型智库建设，建立健全决策咨询制度"。

2014年6月

由上海社会科学院智库研究中心编写的《2013年中国智库报告——影响力排名与政策建议》一书出版。该书梳理了中国智库发展的轨迹，指出1988～1993年，民间智库的兴起标志着智库体系的多元发展，而自2003年起，民间智库数量增加，专业化增强。

2014年6月27日

由中国社会科学院台湾研究所主办，全国台湾研究会与两岸关系和平发展协同创新中心协办的首届两岸智库学术论坛在北京举行。论坛以"两岸关系：理论创新与深化合作"为主题，来自海峡两岸的30余家重要学术机构和知名智库的120余位专家学者参加了论坛。

2014年8月

中信改革发展研究基金会经国务院批准成立，在民政部登记，由中国中信集团有限公司主管。作为一家致力于学术科研和智库建设的机构，该基金会的宗旨为：积极配合党和国家重大决策与部署，围绕社会科学各领域重大问题特别是中国特色社会主义发展道路和发展模式等深入开展专题研究，切实发挥带动效应，有效引导群众思想。虽然依托于中国中信集团有限公司的资金，被2017年中国核心智库名单列为企业智库，但事实上，该基金会有自己独立的运作方式和决策委员会，通过资助科研项目，获得智库成果。

2014年9月4日

中国第一家涉侨民间智库——深圳市侨商智库研究院（简称"侨商智库"）在深圳揭牌成立。侨商智库由深圳市汕头商会发起，香港中国商会、香港潮属社团总会、澳洲潮州同乡会、加拿大潮商会、欧洲华侨华人社团联合会等海内外知名社团组织共同创办。侨商智库主要围绕侨商问题开展研究并提供建议，为政府机构提供有效的决策辅助。

2014年11月6日

首届大梅沙中国创新论坛在深圳大梅沙风景区隆重举行，约数百位来自全球各地政界、商界、学界的精英出席了本次论坛。该论坛由深圳市现代创新发展研究院创立并主办，以深圳大梅沙作为论坛的永久会址。论坛秉持独立、开放、创新的理念，聚焦中国改革创新进程，每年邀请数百位来自全球政、商、学界的精英探讨国家治理体系、经济转型、社会治理创新等重大课题。至今，论坛已经成功举办三届。

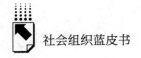
2015年1月20日

中共中央办公厅、国务院办公厅联合印发《关于加强中国特色新型智库建设的意见》。《关于加强中国特色新型智库建设的意见》将新型社会智库界定为：以战略问题和公共政策为主要研究对象、以服务党和政府科学民主依法决策为宗旨的非营利性研究咨询机构，并明确社会智库是中国特色新型智库的组成部分，要确保社会智库遵守国家宪法及各项法律法规，沿着正确方向健康发展。要进一步规范咨询服务市场，完善社会智库产品供给机制；探索社会智库参与决策咨询服务的有效途径，营造有利于社会智库发展的良好环境。

2015年2月

两位专家发表对《关于加强中国特色新型智库建设的意见》的解读。李伟在《西部大开发》2015 年第 Z2 期上发表《解读中国智库建设》一文，主要从特色新型智库内涵和创新推动的角度进行解读，强调特色新型智库的专业性、上传下达功能和外交功能，要实现我国从智库大国向智库强国的转变，必须在智库建设、体制机制、制度保障体系等方面进行深入改革。李林在 2015 年 1 月 22 日就《关于加强中国特色新型智库建设的意见》向《法制日报》记者做了一番解读，认为《关于加强中国特色新型智库建设的意见》指出了智库建设不完善的地方，如智库的重要地位没有受到普遍重视；具有较大影响力和国际知名度的高质量智库缺乏；高质量研究成果不够多；参与决策咨询缺乏制度性安排等并提出了对应的解决办法，而《关于加强中国特色新型智库建设的意见》的落地需要从国情和智库人员的情况出发，制定配套措施，按照层级的不同分门别类进行建设。

2015年6月

深圳市现代创新发展研究院向中国共产党深圳市委员会、深圳市政府领导班子递交《对深圳改革开放重大战略问题的建议》（简称"万言书"）。"万言书"立足深圳改革现状，揭露机关干部队伍中存在的"骄、懒、松、奢"问题。"万言书"向深圳市委、市政府提出了11项重大改革建议，引发政界和媒体的广泛讨论。

2015年7月

智纲智库（原王志纲工作室）修订的系列文集《智库是怎样炼成的王志纲工作室战略文集》由鹭江出版社出版。智纲智库为了纪念其成立二十周年而推出该文集，文集不仅收纳了智纲智库二十年的经典案例，也展现了智纲智库二十年的发展历程。其中包括《新城市中国》、《第三种生存》、《找魂》、《财智论语》、《谋事在人》、《玩出来的产业》、《战略之道——王志纲演讲录》和《走向泛地产》。

2015年8月

南京师范大学公共管理学院副教授钟裕民、温州大学法政学院副教授陈宝胜在《中国行政管理》2015年第8期上发表《地方公共决策的有效参与：基于温州民间智库的经验研究》一文。文章以温州民间智库参与公共决策为个案，主要讨论政策议题的性质、地方领导者的民主风格和治理智慧、公民的参与意愿和能力、政策守门人的主观能动性是影响地方公共决策有效参与的主要变量的话题。

2015年11月6日

中国共产党江苏省委员会办公厅、江苏省政府办公厅印发《关于加强江苏新型智库建设的实施意见》强调：到 2020 年，统筹推进江苏省党政部门、社科院、党校行政学院、高校、科研院所和企业、社会智库协调发展，形成定位明晰、特色鲜明、规模适度、布局合理的新型智库，初步形成在全国具有一定领先地位和明显优势的智库发展格局。

2015年12月1日

国家高端智库建设试点工作启动会在北京举行，两家社会智库——中国国际经济交流中心和综合开发研究院（中国·深圳）——入选首批国家高端智库建设试点单位。

2015年12月

江苏省哲学社会科学界联合会研究室刘西忠在《苏州大学学报》（哲学社会科学版）2015 年第 6 期上发表《从民间智库到社会智库：理念创新与路径重塑》一文。文章指出从民间智库到社会智库的称谓变化，是我国智库发展理念重要创新的体现。新形势下，需要从社会责任、制度供给、参与途径、市场规范、智库实力、发展环境六个方面规范和引导社会智库健康发展。

2015年12月5日

中智科学技术评价研究中心作为民办非企业单位在民政部注册成立。中智科学技术评价研究中心以中国特色新型社会智库为目标定位，以"推进国家科技体系建立和发展，促进国家科技事业持续健康发展"为中心工作，开展科学技术评价领域的相关研究，并向各级政府部门提供建议；政策建议领域包括科技评价、文化创意、全球竞争力、两岸竞争力、省域竞争力、经济发展等。

2016年7月

由李凤亮主编的《中国特色新型智库建设研究》一书由中国经济出版社出版。书中收录了深圳大学举办的关于智库建设专题会议的研究文章，涵盖智库理论、民间智库发展、广东智库发展、国外智库、高校智库的理论与实践五个部分的内容。

2016年9月28日

由南京大学中国智库研究与评价中心联合《光明日报》智库开发和推广的国内首个智库垂直搜索、智库数据管理和智库在线测评系统——"中国智库索引"（CTTI）系统正式上线。该系统主要依据MRPA测评指标，按资源占用量和资源的运用效果两大维度测评智库。在489家来源智库中，包括21世纪经济研究院、深圳市现代创新发展研究院、察哈尔学会、上海华夏社会发展研究院等在内的社会智库共36家，约占总体的7%。

2017年1月

清华大学公共管理学院"中国智库大数据评价研究"课题组发布《中国智库大数据报告（2016）》。该报告运用大数据评价方法和社交大数据资源对智库进行综合性评价，将510家智库划分为七大类，其中企业、社会智库共102个。报告主要依据微信和新浪微博上的相关数据，测量各智库的微信公众号影响力、微博专家影响力和微信引用影响力，加权汇总得到各智库的智库大数据指数（TTBI）综合数据。在TTBI数据排名中，盘古智库、全球化智库、中国金融40人论坛三家社会智库入围前十。

2017年5月

民政部、宣传部、中组部、外交部、公安部、财政部、人社部、

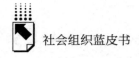
国家新闻出版广电总局、国家统计局联合印发《关于社会智库健康发展的若干意见》。《关于社会智库健康发展的若干意见》明确规定"社会智库由境内社会力量举办，以战略问题和公共政策为主要研究对象，以服务党和政府科学民主依法决策为宗旨，采取社会团体、基金会、社会服务机构等组织形式，具有法人资格，是中国特色新型智库的重要组成部分"，确定扶持社会智库的政策目标，强调社会智库的主体地位，明确社会智库的活动范围及活动方式，赋予社会智库更多的权利，为社会智库的发展拓展了空间，建构了必要的支撑体系。2017年5月26日，徐家良、邓国胜、朱晓红等专家分别在《中国社会组织》2017年第10期上发表对《关于社会智库健康发展的若干意见》的解读文章。上海交通大学徐家良教授从《关于社会智库健康发展的若干意见》的整体内容出发，概括了《意见》的五个特点。第一，肯定社会智库建设的必要性，意义深远；第二，明确社会智库的性质与地位；第三，坚持培育与监管并重；第四，强调自身建设是关键；第五，提供完整的保障措施体系。清华大学邓国胜教授从社会智库功能的角度做出解读，认为社会智库的独特作用在于其可以为决策提供创新性的备选方案、承担上传下达的重要媒介角色、提供吸纳高端人才就业的新渠道、扮演中国民间外交和参与全球治理的重要主体角色。华北电力大学朱晓红教授从社会智库扶持发展政策的角度进行解读，认为《关于社会智库健康发展的若干意见》通过规定扶持政策目标、强调主体地位、明确活动内容、赋予权利、设计支撑体系等方式构建了社会智库发展的扶持政策框架。

2017年6月18日

上海交通大学徐家良教授在《人民日报》上发表《规范和引导社会智库健康发展》一文，认为在我国各类智库中，社会智库的数量偏少，规模也不大，影响力尚待提升，这就要求社会各界尤其是政府部门采取有效措施，促进社会智库健康有序发展，在中国社会主义现代化建设中发挥积极作用。

2017年10月

甘肃省民政厅、省委宣传部、省委组织部、省外事办、省公安厅、省财政厅、省人社厅、省新闻出版广电局、省统计局联合印发《关于规范和引导社会智库健康发展的实施意见》（以下简称《实施意见》）。《实施意见》肯定了社会智库建设对甘肃全省发展的重大意义，通过明确总体要求、强化培育监管、拓宽支持渠道、规范建设标准、健全保障措施等，为规范和引导甘肃省社会智库健康有序发展提供政策支持。

2017年11月10日

中国社会科学评价研究院院长荆林波在第四届全国人文社会科学评价高峰论坛上发布《中国智库综合评价 AMI 研究报告（2017）》。报告由总报告和分报告两部分组成，将智库分为综合性智库、专业性智库、企业智库和社会智库四大类，依据吸引力、管理力和影响力三个方面对国内智库进行综合分析与评价，最终有166个智库进入"中国智库综合评价核心智库榜单"。其中，对社会智库主要按照法律属性和业务属性再度界定，最后公示入选的社会智库有两类：一类是注册为国家级社会组织的智库，中国法学会、中国经济体制改革研究会、中国南海研究院、中国企业改革与发展研究会、中国人民外交学会、中国行政体制改革研究会6个入选；一类是注册为地方级社会组织的智库，察哈尔学会、东中西部区域发展和改革研究院、广东亚太创新经济研究院、湖南省农村发展研究院、全球化智库、深圳市现代创新发展研究院6个入选。

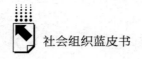

2017年12月20日

2017 中国智库治理暨思想理论传播高峰论坛在北京举行，来自中央部委及各省市智库管理部门、中国智库索引（CTTI）系统来源智库、智库研究界、思想理论界的 700 余位专家学者参加了论坛。论坛发布了《中国智库索引 CTTI 2017 发展报告》、CTTI 最新来源智库增补名单和 CTTI Plus 版平台。其中，报告对 2017 年中国智库的发展全貌进行了描述。在最新来源智库增补名单中，共增加 117 个智库，其中有 3 个社会智库。CTTI Plus 版平台是在 CTTI 基础上发展而来，具备智库垂直搜索、智库数据管理、智库智能评价三大功能。

Abstract

The "The Annual Report on Social Think Tanks in China (2018)" is the research result of the School of International and Public Affairs of Shanghai Jiaotong University, the China Philanthropy Research Institute of Shanghai Jiaotong University, and the Research Center of the Third Sector of Shanghai Jiaotong University.

This report covers the development, organizational types, development dilemmas, development strategies, path planning, and other aspects of Chinese social think tanks. In addition, it targets three main types of social think tanks, namely, the social group think tanks, the foundation think tanks and the social service institutions think tanks. The report has made an in-depth analysis to explore different types of think tanks. Additionally, it has selected and analyzed several social think tanks cases, systematically sorted out the development of social think tanks (January 1978 to December 2017), and restored from the horizontal and vertical dimensions to provide the overall picture of the development of Chinese social think tanks.

The content of the report consists of four parts: the general report, the sub-report, the case report, and the appendix.

The general report provides an overall analysis of the development of Chinese social think tanks, including the definition of the concept of social think tanks, the status quo of the development of Chinese social think tanks, and the working mode of Chinese social think tanks.

The sub-reports has conducted a special analysis on the issues of Chinese think tanks development, the development of Chinese social group

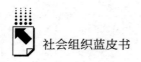

think tanks, the development of Chinese foundation think tanks, the development of Chinese social service agency think tanks, and the analysis of issues in the development of Chinese social think tanks and the recommendations to respond to these issues.

The case reports have selected 12 unique social think tanks conduct a brief introduction. The names of these 12 social think tanks are the Guangdong Provincial System Reform Research Association, the Council of Industry Technology Alliances in Z-Park, the CITIC Foundation for Reform and Development Studies, the Beijing Chaoyang District Natural Friends Environmental Research Institute, the Charhar Institute, the Asia-Pacific Innovation Economic Research Institute of Guangdong, the Shanghai Academy of Huaxia Social Development Research, the Shanghai Pujiang Social Organization Innovation and Development Research Institute Development Research Institute, the Shenzhen Modern Innovation and Development Institute, the Asia-Pacific Innovation Economic Research Institute of Guangdong, the Shenzhen Overseas Chinese Entrepreneurs Research Institute, and the Center for China and Globalization.

The appendix department lists the memorabilia of Chinese social think tanks development, from January 1978 to December 2017.

Contents

I General Report

Abstract: The general report is divided into three parts: the definition of Chinese social think tanks, the status quo of Chinese social think tanks development, and the working mode of Chinese social think tanks. The first part: the definition of the social think tanks are based on the concept of the think tanks, which integrates the operational characteristics of social organizations, defines the basic connotation of the social think tanks, and serves as the basis for analyzing the development status and operation mode of the social think tanks. The second part: Mainly from the national social think tanks and the local social think tanks, analyzing of its development stage, development status, and development characteristics. The third part: We mainly summarizes the five classification criteria of social think tanks operation modes: by operation-led, the social think tanks operation modes can be classified as the executive-oriented operation model, social-led operation mode and enterprise-oriented

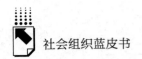

operation mode; by operational objectives, the social think tanks operation modes can be classified as government-oriented operation mode, social orientation mode, and political-social combination mode; by operational structure, the social think tanks operation modes can be classified as a single-subject operation mode and a multi-subject operation mode; by operational process, the social think tanks operation modes can be classified as a fixed order operation mode and a muti-change operation mode; and by operation products, the social think tanks operation modes can be classified as a single product operation mode and a multi-product operation mode. From these three parts, the main report offers a "panoramic" description of the development of the Chinese social think tanks to help fully understand its development path and status quo as well as to predict its future direction.

Keywords: Chinese social think tanks; Core Concept; Development status; Operation mode

Ⅱ　Sub-Reports

B. 2　Thematic Analysis of the Chinese Think Tanks Development

/ 039

Abstract: The special analysis section of Chinese think tanks development, on the one hand, comprehensively analyzes the characteristics and advantages of Chinese think tanks by introducing the development of national think tanks and local think tanks. On the other hand, the construction of the multiple classification criteria of domestic think tanks types, this section innovatively suggests using the registered unit as one criterion to classify the domestic think tanks into official or university think tanks, enterprise think tanks, overseas think tanks, religious think tanks, and social think tanks. And this section also suggests that these five types of think tanks are influenced by five environmental factors, including international environment, social environment, political environment, legal environment, and regional environment, which reveals the environmental status of Chinese think tanks.

Keywords: National think tanks; Local think tanks; Think tanks type

B. 3   Thematic Analysis of the Chinese Social Groups Think Tanks Development / 062

Abstract: The Chinese social group think tanks can be the non-profit legal person who combines with natural persons, legal persons or other organizations conducts public policy research by voluntarily consisting of natural persons, legal persons or other organizations. It adopts the membership structure form and aims to fulfill the common good of members to optimize public policies and promote national development. In the vertical direction, the Chinese social group think tanks have experienced a five-stage development process; and in the horizontal direction, the Chinese social group think tanks have three development characteristics. Using two dimensions of "organizational construction" and "research process", the operation mode of the Chinese social group think tanks can be classified into different types. By "organizational construction", the Chinese social group think tanks can be classified into organizational establishment mode, target orientation mode and organizational structure mode; by "research process", the Chinese social group think tanks can be classified in several themes including research

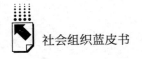

project source mode, research project operation mode, and research result output mode. Meanwhile this section further analyzes these different types of operation modes.

Keywords: Social group think tanks; Membership; Policy advice; Operation mode

B. 4　Thematic Analysis of the Chinese Foundation Think Tanks Development　　　　　　　　　　　　　　　　　/ 082

Abstract: The Chinese foundation think tanks can be the specific organization type of the Chinese social think tanks. It produces public research outcomes and fulfill its advisory function by rational use of the funds raised by the organization. At present, these organizations are developing rapidly, having a certain scale, and showing the characteristics of organizational development at the macro and micro levels. Finally, this section summarizes the operation mode of the Chinese Foundation think tanks from both its "fund management" and "research process". Its "fund management" of the Chinese foundation think tanks are summarized as the fundraising mode, the source of funds mode and the capital use mode; its operation mode of the research process is summarized as the research project source mode, research project operation mode, and research result output mode. And, this section makes a distinction between the specific types of each mode, each theme, in order to show the overall development of the Chinese foundation think tanks.

Keywords: Foundation think tanks; Fund management; Policy advice; Operation mode

B. 5   Thematic Analysis of the Chinese Social Service Agency

Think Tanks Development   / 105

Abstract: The Chinese social service agency think tanks can be the non-profit legal person who conducts public policy service consultation and advice using non-state-owned assets. In the vertical direction, it has experienced a four-stage development process. In the horizontal direction it has three development characteristics. Based upon two dimensions of "service mode" and "research process" of the Chinese social service agency think tanks, These operation modes can be divided into different types. By the "service mode", it can be classified into the policy service mode, the policy analysis mode, and the theoretical service mode; by the "research process", it is divided into the research project source mode, the research project operation mode, and the research result output mode. And, a distinction is made between the specific types of each mode to reveal the overall development of the social service agency think tanks.

Keywords: Social service agency think tanks; Non-state-owned assets; Policy advice; Operation mode

B. 6   Issues of／ Recommendations for the Development of Chinese

Social Think Tanks   / 124

Abstract: The Chinese social think tank has developed rapidly, but they are also exposed some development problems that need to be resolved. These development problems mainly come from the internal operation of the social think tanks and the external environment, including the overall

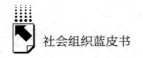

weakness, uneven development, uneven distribution of resources; the limited impact on public policy; the general lack of innovation in the internal operation process. Plus, the lack of social think tanks identification standards and evaluation system; too much government intervention; the insufficient multi-supportive efforts to represent the external environment of the social think tanks. To answer the problems from the above, we will make relevant suggestions based on the operation of the social think tanks and the external support of the government departments, in order to enhance the effectiveness of the social think tanks consultation and promote its sustainable development.

Keywords: Chinese social think tanks; Development issues; Strategic thinking

Ⅲ　Case Studies

B. 7　The Guangdong Provincial System Reform Research

Abstract: The Guangdong Provincial System Reform Research Association is mainly engaged in the research on reform and development of Guangdong Province. It has provided a number of policy recommendations to government departments and published a number of research reports. In the process of development, it has embodied four characteristics: defining organizational goals and functions, implementing the strategy of strengthening the talents, forming a collaborative governance structure, and focusing on the role of the media to enhance its influence.

Keywords: The Guangdong Provincial System Reform Research Association; Guangdong Comprehensive Reform and Development Research Institute; Social group think tank

B. 8   The Council of Industry Technology Alliances in Z-Park

/ 143

Abstract: The Council of Industry and Technology Alliances In Z-park is the first scientific and technological innovation social organization in China with an industrial technology alliance and a social group legal person qualification. It has put forward many policy recommendations to the government and participates in government cooperation. In the process of development, it reflects the flattening of governance structure, the smooth and stable channels of consultation and advice, the diversified ways of building think tanks, the emphasis on party building work, and the promotion of innovation through financing and incentives.

Keywords: The Council of Industry and Technology Alliances In Z-park; Social group think tank; Governance Structure

B. 9   The CITIC Foundation for Reform and Development Studies

/ 148

Abstract: The CITIC Foundation for Reform and Development Studies promotes research in all areas of social science through funded behaviors to produce research results that influence public policy. In the process of organizational development, it reflects seven characteristics of the development direction through the precise positioning of social think tanks, the unique scientific research team, the unique governance structure, the multidimensional function, strengthening the coordination with other think

223

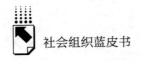

tanks, and strengthening the practice of Chinese approach, facilitating the theoretical construction and the development of the Chinese scholarships.

Keywords: The CITIC Foundation for Reform and Development Studies; Foundation think tank; Cooperate Governance

B. 10　The Beijing Chaoyang District Natural Friends Environmental Research Institute　/ 154

Abstract: The Beijing Chaoyang District Natural Friends Environmental Research Institute is concerned with environmental issues and actively participates in public policy research related to environmental protection. In the process of development, it has formed a "three-in-one" systematic operation mode, a professional team of consultations and suggestions, a flattening governance structure and the financing methods of charitable trusts.

Keywords: The Beijing Chaoyang District Natural Friends Environmental Research Institute; Social service agency think tank; Operation pattern

B. 11　The Charhar Institute　/ 158

Abstract: The Charhar Institute focuses on the research in the field of international relations and produces research publications represented by the "Public Diplomacy Quarterly", "Chahar Public Diplomacy Series", "Introduction to Public Diplomacy" and the "Charhar Report". The research report represented by the Charhar Roundtable has also been held annually. In the process of development, four aspects of organizational characteristics are reflected including making public diplomacy as the key direction, emphasizing the international influence of think tanks, and creating a high-quality professional communication.

Keywords: The Charhar Institute; Social service agency think tank; Public Diplomacy

B. 12 The Asia-Pacific Innovation Economic Research Institute of
        Guangdong   / 162

Abstract: The Asia-Pacific Innovation Economic Research Institute of Guangdong has established an innovative economic research system focusing on the frontier issues of national economy and innovation development. This research system focuses on the promotion of academic innovation and research results in the fields of transportation economy, innovation economy, service economy and regional economy to play its role in the administration of the government. In the process of development, it has formed clear development strategies, created high-quality research teams, established partnerships with various forces, and committed to layout to form a number of advantageous areas.

Keywords: The Asia-Pacific Innovation Economic Research Institute of Guangdong; Social service agency think tank; Public diplomacy

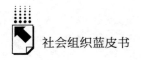

B. 13　The Shanghai Academy of Huaxia Social Development

　　　Research　　　　　　　　　　　　　　　　　　／166

Abstract：The Shanghai Academy of Huaxia Social Development Research pays attention to many public policy issues in the process of social construction, and produces research results in forms of the evaluation system, research reports, service platform, and research publications. It has formed five aspects of the characteristics that focusing on the research of social development, assisting the government in designing scientific and standardized evaluation indicators and evaluation systems, the institute's research output has various achievements on Chinese social modernization research, conducting years of field research and evaluation, and constructing database in the era of "Internet Plus".

Keywords：The Shanghai Academy of Huaxia Social Development Research; Social service agency think tank; Evaluation indicator

B. 14　The Shanghai Pujiang Social Organization Innovation

　　　and Development Research Institute　　　　　　／172

Abstract：The Shanghai Pujiang Social Organization Innovation and Development Research Institute is committed to "Innovative development of social organizations", carrying out academic communication and cooperation, public interest theory and affairs research, social organization training, and other related activities. It has formed a legal person in the process of development which incorporates five organizational characteristics, including the "research institute with service center" operating mode with multiple subjects, the core business positioning accuracy, the multiple sources of funding channels, the composite governance structure, and the diversity of the channels for consultation and advice.

Keywords: The Shanghai Pujiang Social Organization Innovation and Development Research Institute; Social service agency think tank; Organizational Characteristics

B. 15　The Shenzhen Modern Innovation and Development Institute

/ 177

Abstract: The Shenzhen Modern Innovation and Development Institute is committed to organizing the strengths of all sectors of society, conducting public policy research, promoting reform and innovation in Shenzhen as well as the nation by producing a number of policy recommendations and research reports. At the same time, Dameisha forum is held every year and published the sharing results. In the process of development, Shenzhen Modern Innovation and Development Institute mainly reflects the mission of building Shenzhen card of China's reform and innovative, giving advises to the government on promoting reform and innovation, focusing on expanding foreign communication and cooperation through platform construction, paying attention to personnel training and improving internal management.

Keywords: The Shenzhen Modern Innovation and Development Institute; Social service agency think tank; Platform Construction

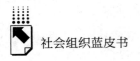

B. 16　The Shenzhen Overseas Chinese Entrepreneurs Research

Institute　　　　　　　　　　　　　　　　　　　 ／ 181

Abstract: The Shenzhen Overseas Chinese Entrepreneurs Research Institute focuses on the issues related to Chinese, overseas Chinese and Chinese businessmen. In the process of organization operation, it is committed to serving Chinese, overseas Chinese and the development of overseas Chinese Enterprises. It also pays attention to suggestions for national policy optimization to fulfill its advisory function. And, it has formed the four characteristics of playing the role of "bridge" for foreign communication, establishing an external information collection mechanism, promoting trade and commerce through the integration of resources, and enhancing the cohesiveness of Chinese and overseas Chinese through cultural exchanges.

Keywords: The Shenzhen Overseas Chinese Entrepreneurs Research Institute; Social service agency think tank; Resource integration

B. 17　The China Institute of science and Technology Evaluation

　　　　　　　　　　　　　　　　　　　　　　　　 ／ 185

Abstract: The China Institute of science and Technology Evaluation focuses on promoting the development of national science and technology and the construction of science and technology systems. It provides many suggestions for the optimization of Chinese science and technology policy system, the maintenance and promotion of the status of science, technology in the international environment, and fulfills its advisory function. Meanwhile, in the development process, China Institute of science and

Technology Evaluation also demonstrates the precise location of the distinctive think tank, the improved internal governance structure, the synergy of think tank functions, the diversified methods of consultation, and the multi-channel funding sources.

Keywords: The China Institute of science and Technology Evaluation; Social service agency think tank; Cooperate governance

Abstract: The Center for China and Globalization is a think tank group centered on Beijing Dongyu Global Talent Development Foundation, and South China Global Talent Institute, North China Global Talent Institute and the China and Globalization Research Center. It aims to study Chinese globalization strategy, talent internationalization, corporate internationalization and international relations. In the operation process, it reflects the global layout and organizational structure optimization, the various ways of consultation and advice, forming brand projects through the creation of core advantages, the international and the domestic reputation complements each other, with forward-looking, diverse and systematic think tank development plans, and the funding sources are diversified.

Keywords: The Center for China and Globalization; Group social think tank; Legal Person Pluralism

IV   Appendix

权威报告·一手数据·特色资源

皮书数据库
ANNUAL REPORT(YEARBOOK) DATABASE

当代中国经济与社会发展高端智库平台

所获荣誉

● 2016年，入选"'十三五'国家重点电子出版物出版规划骨干工程"

● 2015年，荣获"搜索中国正能量 点赞2015""创新中国科技创新奖"

● 2013年，荣获"中国出版政府奖·网络出版物奖"提名奖

● 连续多年荣获中国数字出版博览会"数字出版·优秀品牌"奖

成为会员

通过网址www.pishu.com.cn访问皮书数据库网站或下载皮书数据库APP，进行手机号码验证或邮箱验证即可成为皮书数据库会员。

会员福利

● 使用手机号码首次注册的会员，账号自动充值100元体验金，可直接购买和查看数据库内容（仅限PC端）。

● 已注册用户购书后可免费获赠100元皮书数据库充值卡。刮开充值卡涂层获取充值密码，登录并进入"会员中心"—"在线充值"—"充值卡充值"，充值成功后即可购买和查看数据库内容（仅限PC端）。

● 会员福利最终解释权归社会科学文献出版社所有。

社会科学文献出版社 皮书系列
SOCIAL SCIENCES ACADEMIC PRESS (CHINA)

卡号：297866729511
密码：

数据库服务热线：400-008-6695
数据库服务QQ：2475522410
数据库服务邮箱：database@ssap.cn
图书销售热线：010-59367070/7028
图书服务QQ：1265056568
图书服务邮箱：duzhe@ssap.cn